Selección nueva de romances viejos

Parua sunt haec;
sed parua ista non contemnendo
maiores uestri maximam hanc rem fecerunt.

[Pequeñas son estas cosas;
pero no despreciando las pequeñas,
vuestros antepasados hicieron la más grande.]

(TITO LIVIO, *Ab urbe condita*, VI,41,8)

Dirección de colección:
Ángel Basanta

NUEVA BIBLIOTECA DIDÁCTICA ANAYA

Selección nueva de romances viejos

Anónimo

Edición, introducción, notas y orientaciones para el estudio de la obra:
Nicolás Miñambres

Ilustración:
Tino Gatagán

Juan Ignacio Luca de Tena, 15. 28027 Madrid

Diseño y cubierta: aderal tres

ISBN: 84-207-4383-6
Depósito legal: NA-2745/2000
Impreso en Gráficas Estella, S. A.
Ctra. de Estella a Tafalla, km. 2
31200 Estella (Navarra)
Impreso en España - Printed in Spain

Índice

Introducción

Selección nueva de Romances viejos

Orientaciones para el estudio de la obra

A Mary Tere, Emilio, María y Teresa.

N. Miñambres

Introducción

LA ÉPOCA: EL *ROMANCERO*, UNA MANIFESTACIÓN MEDIEVAL

Historia y cultura

La cultura es heredera del espíritu y de los acontecimientos de la historia. El hombre ha dado forma a sus sentimientos a través de distintas manifestaciones. La Literatura es una de las más importantes.

El Romancero, *manifestación de la memoria colectiva*

Las sucesivas generaciones han ido guardando en su memoria las crónicas poéticas de la vida de los seres humanos que les precedieron. La recitación de poemas, el canto, las leyendas se han transformado en una memoria colectiva en la que se conserva milagrosamente el pasado a través de los siglos. Pasan los hombres, pero queda su recuerdo. Primero fue la tradición oral y más tarde la imprenta. Ambos recursos hicieron eterna la palabra.

El *Romancero* es la manifestación más importante de esta memoria colectiva. Nace en la Edad Media, pero sus frutos siguen vivos aún en la mente de algunos seres humanos. Son los últimos depositarios de una tradición que, misteriosamente, ha permanecido a través de los siglos. Los romances conservados han variado en su forma literaria, pero han mantenido vivo el espíritu que los hizo nacer.

Extensión geográfica del Romancero

Estas composiciones poéticas que forman el *Romancero* no sólo han mostrado su vida a través del tiempo, sino también en el espacio: su extensión resulta sorprendentemente amplia. Si Castilla fue de alguna manera su cuna, el sur de Estados Unidos, Hispanoamérica, el Norte de África y las comunidades sefardíes han mantenido vivo el recuerdo de estas composiciones medievales.

LITERATURA: NACIMIENTO Y DIVULGACIÓN DEL *ROMANCERO*

Los orígenes

Composiciones conservadas desde la Edad Media

Aunque *romance* es un término que sirve también para referirse a las lenguas derivadas del latín, su referencia más frecuente se relaciona con estas composiciones poéticas que se nos han conservado desde la Edad Media, momento en el que surgen.

A partir del siglo XIV empiezan a darse las circunstancias apropiadas para la divulgación del *Romancero*. La consolidación de la Reconquista, una mayor seguridad y el avance de la economía son factores que favorecen el desarrollo del hombre libre. Los conceptos de libertad y de propiedad en el plano personal se hacen efectivos. Con ello nace un sentido de independencia que convierte a las gentes del pueblo en seres dispuestos a disfrutar de una cierta libertad frente a la nobleza.

Antecedentes literarios del Romancero

En estas condiciones, el *Romancero* nace como continuación de los cantares de gesta. Evoca las hazañas de personajes populares, pero lo hace escogiendo situaciones y escenas determinadas. Se trata de entretener al pueblo con recursos orales y eso exige gran dinamismo y expresividad. Al mismo tiempo, los romances tratan de dar noticias, de exaltar ciertos valores, de mantener, en suma, los sentimientos y el espíritu de la colectividad.

La invasión musulmana tendrá gran importancia en todo ello. Los pueblos de España se unen con el objetivo fundamental que supone la lucha contra el Islam. La Reconquista se convierte en objetivo básico, consolidando así una actitud unitaria. Este espíritu se manifiesta en los distintos campos de la literatura, los que corresponden a

El espíritu de la Reconquista tendrá su reflejo en los cantares de gesta, el mester de clerecía y la lírica popular, antecedentes literarios del Romancero. *Ejército islámico, en una miniatura medieval.*

los distintos estratos sociales, especialmente en los *cantares de gesta,* en el *mester de clerecía* y en la *lírica popular.* Estas formas artísticas, con sus peculiaridades, son los antecedentes literarios del *Romancero.*

En este proceso, histórico y literario, el papel de Castilla será decisivo. Mantiene el fervor de la Reconquista y va dando forma lingüística al castellano. La Reconquista será por tanto un fenómeno bélico pero también lingüístico.

Definición

El *Romancero* es el conjunto de composiciones poéticas que, surgidas en la Edad Media, han llegado hasta nuestros días. Son poemas épico-líricos breves que se han mantenido en la memoria popular. Se cantaban al son de un instrumento en distintos momentos de la vida diaria.

Las Crónicas *de Alfonso X el Sabio (1221-1284), sirvieron de inspiración a algunos poetas del siglo* XVI *que recogen en sus romances los hechos en ellas relatados. Alfonso X, en una miniatura de* Las Cantigas de Santa María.

Estructura métrica

Aunque su temática es muy variada, su *estructura métrica* es bastante fija: se trata de una serie ilimitada (en número par) de versos octosílabos que mantienen rima asonante en los versos pares. Esta forma es resultado de otras anteriores, entre las que la estructura silábica de los cantares de gesta fue muy importante. Compuestos de versos monorrimos —llamados así por tener una sola rima— de dieciséis sílabas, el paso del tiempo fue dividiendo el verso del cantar de gesta en dos versos octosilábicos. La popularidad de la estructura octosilábica, la facilidad para recordarla de memoria y la comodidad para ser editada con la llegada de la imprenta pueden explicar que este número de sílabas se hiciera constante[1].

Algunos estudiosos del *Romancero* admiten la existencia de una agrupación estrófica en forma de cuarteta (cuatro versos octosílabos), pero no parece muy admisible. Tampoco parece frecuente la presencia de un estribillo o grupo de versos que se repiten.

[1] Sin embargo muchos versos presentan una llamativa irregularidad silábica, fruto probablemente de la recitación o el canto. De ahí la abundancia de notas en las que se indica *verso hipométrico* o *verso hipermétrico*.

El AUTOR Y LOS *ROMANCEROS*

La interpretación romántica

Una manifestación artística tan extensa, mantenida a lo largo de siglos, plantea problemas para explicar quiénes fueron sus autores. Se han dado diversas interpretaciones. En el siglo XIX apareció la denominada *interpretación romántica,* que defendía que el pueblo, de forma anónima, había sido el creador del *Romancero,* reflejo del espíritu colectivo.

La corriente tradicionalista

Frente a ella, la *corriente tradicionalista* (defendida sobre todo por Menéndez Pidal) considera que los romances procedían fundamentalmente de los antiguos cantares de gesta. El pueblo recordaba ciertos pasajes famosos y había empezado a cantarlos aisladamente. De esta forma, el romance empezaría a tener vida independiente, ajustando su métrica a los versos octosílabos, frente a la irregularidad métrica de los cantares de gesta.

La teoría individualista

No faltan los partidarios de una *teoría individualista,* defensora de un autor concreto, que habría compuesto los romances desde su visión personal aprovechando materiales anteriores e incorporando novedades al *Romancero.* El *anonimato* parece una condición esencial del *Romancero.* Puede tener una doble explicación: el origen incierto de muchas de estas composiciones y el deseo del escritor de no darse a conocer. La condición de anonimato fue frecuente en la Edad Media.

Romancero viejo* y *Romancero nuevo

Suele considerarse *Romancero viejo* al conjunto de romances de los siglos XV y XVI, mientras que el *Romancero nuevo* incluye los romances compuestos a partir de la segunda mitad del siglo XVI. El año de 1580 suele considerarse una frontera cronológica aproximada. Los textos del *Romancero viejo* son romances anónimos, mientras que los del *Romancero nuevo* son obra de autor, aunque no siempre este sea conocido. La renovación de ciertas situaciones, motivos y personajes, que la tradición ha ido actualizando, nos permite hablar también de *Romances de tradición oral moderna.*

Juglares

En todo este proceso de autores anónimos, existen diversos tipos de creadores. Los primeros están representados por los *juglares.* Eran los encargados de cantar fragmentos de los cantares de gesta, actividad que frecuentemente los llevaría a reelaborar el género y, en ocasiones, a inventar nuevas historias.

Trovadores

Una vez que los romances alcanzaron popularidad, los poetas cortesanos fueron los responsables de modificarlos y, en muchos casos, de componerlos de acuerdo con el gusto de los monarcas y otras gentes de la Corte. Estos poetas cortesanos son los denominados *trovadores.* Cuando el género tiene una gran aceptación, no es raro que los poetas cortesanos los transformen al estilo amoroso o los adapten para el canto. Este proceso exige que se haga una *glosa* de ellos, acortándolos y convirtiéndolos en una nueva versión.

La importancia de la monarquía llevará a los reyes a encargar a sus poetas que compongan romances que sirvan para ensalzar las gestas del monarca. Letra y música pertenecen a artistas cortesanos, que son a veces conocidos y en otras ocasiones son solo creadores anónimos. El prestigio y la popularidad que alcanza el género a partir del siglo XVI explican la presencia de romances *historiográficos,* que tratan de divulgar la historia antigua.

Pliegos de cordel

La última variedad de los romances es la que nace a partir de los siglos XVIII y XIX. Corresponde a los *pliegos de cordel,* un género que está frecuentemente en manos de los ciegos. Son ellos quienes muchas veces los componen y, casi siempre, los divulgan. Lo hacen con procedimientos elementales, editando los romances en

Los juglares, encargados de interpretar los cantares de gesta en las cortes, debieron de reelaborar muchas de las narraciones. Juglares ante una dama y caballeros, en una miniatura del siglo XIII.

pliegos, cuadernillos impresos de baja calidad, pero de precio ínfimo también. A pesar de su humilde elaboración, alcanzaron una gran popularidad.

Funciones del *Romancero*

Al ser una manifestación del espíritu del pueblo, el *Romancero* ha tenido funciones diversas a lo largo de los siglos. Aparte de servir como medio para transmitir noticias y ejercer una clara propaganda de ciertos hechos o personajes, tuvo también una función de *divertimiento,* aunque presentara una realización distinta. Si en los medios cortesanos pudo servir como pretexto para el lucimiento artístico en juegos de ingenio, para el pueblo los romances fueron una fuente de entretenimiento.

Pero en muchos casos el *Romancero* ha servido como alivio de algunos trabajos, que eran realizados al ritmo que determinados romances marcaban. Por eso puede hablarse de una *función utilitaria,* cuando servían para atenuar el esfuerzo o la monotonía de ciertas labores, como los talleres de bordado. Algunos trabajos tenían como canto de acompañamiento romances concretos. Es el caso de «La princesa bastarda y el segador», cantada en las duras faenas de la siega. O «La condesita», que se recordaba durante la cosecha del azafrán en Albacete.

Junto a estas situaciones de trabajo, las celebraciones populares tuvieron también una complementación artística en el canto de romances. Bodas, bautizos, e incluso velas de difuntos se vieron amenizados con esta actividad.

Clasificación

El hecho de que los romances hayan sido parte esencial de la vida del pueblo explica la variedad de formas en que se han manifestado. Desde el nacimiento hasta la muerte, pasando por la guerra y el amor, la vida del ser humano siempre ha ofrecido motivos para la inspiración de los poetas, que la convertían en versos para el pueblo. Por ello es muy difícil hacer una clasificación precisa.

Romances históricos

Básicamente, pueden dividirse en *Romances históricos* y *Romances de invención.* En el primer ciclo se incluyen aquellos romances que tratan de asuntos y de personajes documentados en las crónicas. Los héroes de la Reconquista se transforman en muchos casos en personajes legendarios: don Rodrigo, Bernardo del Carpio, los siete infantes de Lara o el Cid son los protagonistas más frecuentes de los *Romances épicos y legendarios.* No faltan en este grupo, junto a los *Romances noticieros,* los *Romances fronterizos,* en los que se evoca la condición de personajes del mundo árabe, que son con frecuencia símbolo de la elegancia humana.

Romances de invención

Los *Romances de invención* tienen un origen más novelesco. De entre los temas que se desarrollan en estos romances podemos recordar: los mitos caballerescos, los romances líricos y novelescos, los que tratan las distintas formas del amor y de la muerte, los que reco-

El auge y la difusión del Romancero *en el siglo* XVI *están relacionados con la fijación y expansión de la lengua castellana. Miniatura del siglo* XV *en la que aparece* Antonio de Nebrija *(1444-1522), autor de la primera gramática castellana, impartiendo su magisterio.*

gen ecos de la Biblia e incluso los que recrean mitos de la antigüedad clásica.

El *Romancero* se transforma así en una crónica literaria de los acontecimientos que el pueblo ha vivido a través de los siglos.

Estilo

La gran cantidad de romances explica su variedad. La diferencia esencial se manifiesta en dos tipos: el *romance-cuento,* eminentemente narrativo, y el *romance-escena,* elaborado esencialmente a través de un diálogo entre personajes.

Fragmentarismo

Abunda el recurso denominado *fragmentarismo,* una forma de narrar que consiste en presentar un comienzo, y sobre todo un final que termina en suspensión, sin desenlace preciso. El romance queda así impregnado de un cierto misterio, que permite al lector imaginar desenlaces distintos.

Predominio de la acción

En cuanto a la forma de narrar, suele predominar la acción sobre la descripción, que frecuentemente se consigue a base de detalles impresionistas, muy delicados, que acercan lo que se describe de una forma sutil y dinámica.

Fórmulas de repetición

Al tratarse de una poesía oral, abundan las fórmulas de repetición, que pueden transformarse en formas de paralelismo, antítesis, anáforas, enumeraciones, e incluso en lo que se denomina *respuesta-calco,* una fórmula que sintetiza algunos de estos recursos. Un rasgo estilístico esencial es la tendencia arcaizante, que se explica por el deseo de evocar un mundo pasado[2].

Pervivencia del *Romancero* a través de los siglos

Siglo XVI: Auge del Romancero

El siglo XV muestra una gran actividad en el *Romancero,* que se hace muy popular. Pero el verdadero esplendor llega con el siglo XVI. El *Romancero* se presenta de forma oral, pero se difunde también a través de los *pliegos sueltos,* cuadernillos de cuatro hojas, que generalmente eran el sobrante de un libro. Se venden a precio mínimo en todo tipo de ambientes, ferias, fiestas, mercados... En el siglo XVI se publican las primeras colecciones. Una de las más importantes es el *Cancionero General,* de Hernando del Castillo, aparecido en Valencia en 1511.

El éxito de estas obritas romanceriles desborda nuestras fronteras ya en el siglo XVI. En Amberes, Martín Nucio, uno de los más importantes editores europeos del siglo XVI, publica el *Cancionero de romances,* denominado *Cancionero sin año;* aunque se desconoce su fecha parece seguro que apareció en 1548. Con estas obras se iniciaba una abundante producción editorial.

---

[2] Esta tendencia arcaizante se manifiesta sobre todo en el empleo de formas antiguas y en el uso particular de los tiempos verbales. Un caso especial es el de la *-e paragógica.* Su presencia al final de la palabra en ocasiones condiciona la métrica o asonancia del verso, pero en otras, la salva.

Hacia 1580, aproximadamente, se inicia el *Romancero nuevo.* Debido al éxito del género, los escritores famosos comienzan a escribirlos, bien como composiciones independientes, bien como parte de obras de teatro. El *Romancero General,* de 1600, es una de las recopilaciones más famosas.

Siglo XVII: Comienza la decadencia

El siglo XVII es un momento de esplendor, pero también marca el comienzo de la decadencia del *Romancero.* Aunque los escritores cultos componen romances, las clases cultas van abandonando su afición por ellos y considerándolos como patrimonio de las clases bajas. El pueblo tendrá una gran importancia en la conservación de los poemas romanceriles.

Siglo XVIII: Desprecio hacia el Romancero

Este desprecio por los romances se acentúa en el siglo XVIII. Persiste la afición popular, pero con frecuencia triunfan los romances de tono plebeyo, vulgar. A pesar de todo, los escritores del siglo XVIII (Nicolás Fernández de Moratín, Jovellanos y Meléndez Valdés) siguen componiendo romances.

Siglo XIX: Resurgimiento romántico

La llegada del Romanticismo permitirá el resurgimiento del género. Los románticos alemanes quedan deslumbrados por estas formas poéticas conservadas en la memoria popular, que para ellos son la manifestación de la *poesía natural,* compuesta por el pueblo. El entusiasmo de los estudiosos extranjeros hizo renacer el interés entre los españoles. En 1828, Agustín Durán publica su *Romancero General.*

Siglo XX: Recuperación del Romancero

Los estudios de Milá y Fontanals y de Menéndez Pelayo anticipan los de Ramón Menéndez Pidal. Este último será quien, a lo largo de la primera mitad del siglo XX, lleve a cabo la ingente labor de recuperar el *Romancero* que el pueblo ha mantenido en su memoria. Esta milagrosa conservación explica la existencia de múltiples *versiones,* cientos en algunos casos, de muchos romances. Menéndez Pidal será el maestro de una gran cantidad de investigadores, que continuarán su labor en la actualidad en el *Seminario Menéndez Pidal.*

CRITERIO DE ESTA EDICIÓN

El hecho de que la presente edición tenga como destinatarios a los alumnos de Secundaria explica sus características.

Se ha pretendido ofrecer una muestra orientativa del *Romancero,* centrando la selección en el *Romancero viejo.* Dada su peculiaridad, se reproduce algún romance de los considerados de tradición oral moderna. La estructura de la antología responde a la clasificación habitual, basada en los distintos ciclos romanceriles.

Los textos se presentan con modernización ortográfica, ajustando las formas de acentuación y puntuación a las normas actuales. Con todo, esta modernización no ha podido llegar a la transformación de expresiones del tipo *do, aques(t)o,* o *desque,* y formas verbales como *vido, comedes, mentides, iredes,* entre otras cosas porque su reducción destruiría la métrica del verso. En estos casos (especialmente cuando la forma puede plantear dificultades de comprensión) se incorpora en nota léxica la forma actualizada. Los romances se reproducen en versos octosílabos, forma métrica más familiar para los alumnos, destinatarios de este trabajo.

Las aclaraciones que se han considerado necesarias se ofrecen por doble vía: como notas léxicas referidas al significado del término y como notas a pie de página para hacer alguna observación de tipo histórico, sociológico, literario... En ambos casos, las notas solo pretenden aclarar posibles dudas a los jóvenes lectores.

Por último, añadir que hemos querido adoptar como título de este libro el de *Selección nueva de romances viejos* en homenaje al magisterio de don Ramón Menéndez Pidal.

BIBLIOGRAFÍA SELECTA

A pesar de que las bibliografías suelen incluir los estudios de los grandes investigadores, nos limitamos aquí a destacar el interés del siguiente libro:

DÍAZ VIANA, Luis: *El Romancero.* Anaya, Madrid, 1990. (Por su interés y carácter divulgativo para estudiantes de este nivel).

Por lo demás, se ha pensado que sería más provechoso presentar una selección de ediciones modernas del *Romancero.*

ALVAR, Manuel (ed.): *El Romancero viejo y tradicional.* Porrúa, México, 1971. (Estudio muy completo).

ÁVILA ARELLANO, Julián: *El Romancero.* Anaya, Madrid, 1985. (Buen panorama, desde los romances viejos hasta el siglo XX).

CALLEJA, Seve y MURO, Ángel: *Romancero y lírica tradicional.* Edelvives, Zaragoza, 1990. (Incorpora la lírica popular. Abundantes actividades didácticas).

DÉBAX, Michelle: *Romancero.* Alhambra, Madrid, 1982. (Estudio preliminar muy interesante, con una clasificación de romances original).

DÍAZ ROIG, Mercedes: *El Romancero viejo.* Cátedra, Madrid, 1983. (Introducción sintética; permite una buena perspectiva).

DÍAZ MAS, Paloma (ed.): *Romancero.* Crítica, Barcelona, 1944. (Una de las ediciones más actuales y completas).

DI STEFANO, Giuseppe: *El Romancero.* Narcea, Madrid, 1981. (Aporta interpretaciones novedosas).

GARCÍA DE ENTERRÍA, María Cruz (ed.): *Romancero viejo. Antología.* Castalia, Madrid, 1987. (Buena panorámica de este fenómeno poético y social).

MENÉNDEZ PIDAL, Ramón: *Flor nueva de romances viejos.* (Obra clásica, de la que existen múltiples ediciones).

MIÑAMBRES, Nicolás: *El Romancero.* Tárraco,Tarragona, 1988.

PIÑERO, Pedro M.: *Romancero.* Biblioteca Nueva, Madrid, 1999. (Edición muy reciente, con excelente introducción y una abundante bibliografía).

Selección nueva de Romances viejos

I. ROMANCES ÉPICOS

Ciclo del rey don Rodrigo

1
ROMANCE DE LA SEDUCCIÓN DE LA CAVA[1]

Amores trata Rodrigo,
descubierto ha su cuidado;
a la Cava lo decía
de quien era enamorado;
miraba su lindo rostro,
mira su rostro alindado,
sus lindas y blancas manos
él se las está loando:
—Querría que me entendieses
por la vía que te hablo:
darte había mi corazón
y estaría al tu mandado.
La Cava, como es discreta,
a burlas lo había echado;
el rey hace juramento
que de veras se lo ha hablado;
todavía lo disimula
y burlando se ha excusado.
El rey va a tener la siesta
y en un retrete se ha entrado;
con un paje de los suyos
por la Cava ha enviado.

Cuidado: Preocupación.

Loando: Alabando.

Vía: Forma.

Mandado: Deseo.

Tener: Dormir.

Retrete: Habitación para el retiro.

[1] Los romances de don Rodrigo, último rey visigodo, tienen su origen en la leyenda de los amores del Rey con Florinda la Cava, hija del conde moro don Julián. Aunque la Cava parece nombre propio es en realidad un arabismo que significa «mujer deshonrada». Fueron novelados por Pedro del Corral en la *Crónica sarracina*, que será la fuente principal de este mito.

La Cava, muy descuidada,
cumplió luego su mandado.
El rey, luego que la vido,
hale de recio apretado,
haciéndole mil ofertas,
si ella hacía su rogado.
Ella nunca hacerlo quiso,
por cuanto él le ha mandado,
y así el rey lo hizo por fuerza
con ella, y contra su grado.
La Cava se fue enojada,
y en su cámara se ha entrado.
No sabe si lo decir,
o si lo tener callado.
Cada día gime y llora,
su hermosura va gastando.
Una doncella, su amiga,
mucho en ello había mirado,
y hablole de esta manera,
de esta suerte le ha hablado:
—Ahora siento, la Cava,
mi corazón engañado,
en no decir lo que sientes
de tu tristeza y tu llanto.
La Cava no se lo dice,
mas al fin se lo ha otorgado.
Dice cómo el rey Rodrigo
la ha por fuerza deshonrado,
y por que más bien lo crea,
háselo luego mostrado.
La doncella, que lo vido,
tal consejo le ha dado:
—Escríbeselo a tu padre,
tu deshonra demostrando.
La Cava lo hizo luego,
como se lo ha aconsejado,
y da la carta a un doncel
que de la Cava es criado.

Vido: vio.

Rogado: Petición.

Grado: Voluntad.

Cámara: Habitación.

Gastando: Perdiendo.

Luego: Al punto, imediatamente.

Doncel: Joven noble.

Embarcárase en Tarifa[2]
y en[3] Ceuta la hubo llevado,
donde era su padre, el conde,
y en sus manos la hubo dado.
Su madre, como lo supo,
grande llanto ha comenzado.
El conde la consolaba
con que la haría bien vengado
de la deshonra tan grande
que el rey les había causado.

2
ROMANCE DE LA VENGANZA DE DON JULIÁN

En Ceuta está don Julián.
en Ceuta la bien nombrada;
por las partes de allende — *Allende:* Allá.
quiere enviar su embajada.
Moro viejo la escribía
y el Conde se la notaba; — *Notaba:* Dictaba.
después de haberla escrito
al moro luego matara[4].
Embajada es de dolor,
dolor para toda España;
las cartas van al rey moro
en las cuales le juraba
que si le daba aparejo — *Aparejo*: Preparación.
le dará por suya España.
Madre España, ¡ay de ti!,
en el mundo tan nombrada,
de las partidas la mejor[5], — *Partidas:* Partes.

[2] Tarifa es una población gaditana.

[3] La forma *en* hay que entenderla como *a;* es resto de la preposición latina *in*.

[4] Era frecuente matar al mensajero, sobre todo cuando era portador de malas noticias.

[5] Es un verso *hipermétrico*, es decir, que tiene un número de sílabas superior al octosílabo. La transmisión oral del *Romancero*, sus versiones cantadas y la variedad de transmisores, explican esta peculiaridad métrica.

Ufana: Arrogante.
Extremada: Abundante.
Domeñan: Dominan.

la mejor y más ufana,
donde nace el fino oro
y la plata no faltaba,
dotada de hermosura
y en proezas extremada;
por un perverso traidor
toda eres abrasada,
todas tus ricas ciudades
con su gente tan galana
las domeñan hoy los moros
por nuestra culpa malvada,
si no fueran las Asturias,
por ser la tierra tan brava.

El triste rey don Rodrigo,
el que entonces te mandaba,
viendo sus reinos perdidos,
sale a la campal batalla,
el cual en grave dolor
enseña su fuerza brava,
mas tantos eran los moros
que han vencido la batalla.

Parecer: Aparecer.
Dó: Dónde.
Malandanza: Desgracia.
Conseja: Reunión.
Sobremanera: Extremado, excesivo.
Cuidada: Imaginada.
Domeñada: Dominada.

No parece el rey Rodrigo,
ni nadie sabe dó estaba.
¡Maldito de ti, don Oppas[6],
obispo de malandanza!
En esta negra conseja
uno a otro se ayudaba.
¡Oh dolor sobremanera!
¡Oh cosa nunca cuidada!,
que por sola una doncella,
la cual Cava se llamaba,
causen estos dos traidores
que España sea domeñada,
y perdido el rey señor,
sin nunca de él saber nada.

[6] Don Oppas, obispo visigodo del siglo VIII, participó en la batalla de Guadalete con el rey don Rodrigo, pero se alió con el ejército musulmán. Aparece en la batalla de Covadonga (722), donde fue hecho prisionero.

3
ROMANCE DEL SUEÑO DE DON RODRIGO[7]

Los vientos eran contrarios,
la luna estaba crecida,
los peces daban gemidos[8]
por el mal tiempo que hacía,
cuando el buen rey don Rodrigo
junto a la Cava dormía
dentro de una rica tienda
de oro bien guarnecida,
trescientas cuerdas de plata
que la tienda sostenían[9].
Dentro había cien doncellas
vestidas a maravilla:
las cincuenta están tañendo
con muy extraña armonía,
las cincuenta están cantando
con muy dulce melodía.
Allí habló una doncella
que Fortuna[10] se decía:
—Si duermes, rey don Rodrigo,
despierta, por cortesía,
y verás los malos hados,
tu peor postrimería,
y verás tus gentes muertas,
y tu batalla rompida,
y tus villas y ciudades
destruidas en un día;
tus castillos, fortalezas

Guarnecida: Recubierta.

Tañer: Tocar.

Hado: Destino.

Postrimería: Final.

Batalla rompida: Ejército destrozado.

[7] El romance presenta dos planos distintos: el lujo y abandono en que se encuentra el rey y los negros presagios que anuncia la naturaleza.

[8] El gemido de los peces como anuncio de tragedia era un motivo de larga tradición.

[9] La abundancia de oro y plata hay que entenderla como símbolo del lujo de la tienda real.

[10] *Fortuna* es el nombre de una doncella que acompaña al rey, pero se trata de una alegoría que representa a la diosa Fortuna, que rige la vida de los humanos. La presencia de la Fortuna da un tono culto al romance.

otro señor los regía.
Pides: Preguntas.
Si me pides quién lo ha hecho,
yo muy bien te lo diría:
ese conde don Julián
por amores de su hija,
porque se la deshonraste
y más de ella no tenía;
juramentos viene echando
que te ha de costar la vida.
Congojado: Angustiado.
Despertó muy congojado
con aquella voz que oía;
con cara triste y penosa
de esta suerte respondía:
Mercedes: Gracias.
Mensajería: Mensaje.
—Mercedes a ti, Fortuna,
de esta tu mensajería.
Estando en esto ha llegado
Nueva: Noticia.
uno que nueva traía,
cómo el conde don Julián
las tierras le destruía.
Aprisa pide el caballo,
y al encuentro le salía;
los contrarios eran tantos
que esfuerzo no le valía,
que capitanes y gentes
huye el que más podía.

4
ROMANCE DE LA DERROTA DE DON RODRIGO[11]

Huestes: Ejércitos.
Desmayaban: Desfallecían.
Las huestes de don Rodrigo
desmayaban y huían,
cuando en la octava[12] batalla

[11] Los malos augurios se confirman y don Rodrigo sufrirá una derrota que le llevará a situaciones dramáticas.

[12] Octava puede aludir a los ocho días que, según la tradición, duró la batalla de Guadalete.

sus enemigos vencían.
Rodrigo deja sus tiendas
y del real se salía;
solo va el desventurado,
que no lleva compañía;
el caballo de cansado
ya mudar no se podía,
camina por donde quiere
que no le estorba la vía.
El rey va tan desmayado
que sentido no tenía;
muerto va de sed y hambre
que de verle era mancilla,
iba tan tinto de sangre
que una brasa[13] parecía.
Las armas lleva abolladas,
que eran de gran pedrería;
la espada lleva hecha sierra
de los golpes que tenía;
el almete, de abollado,
en la cabeza se hundía,
la cara lleva hinchada
del trabajo que sufría.
Subióse encima de un cerro,
el más alto que veía;
desde allí mira su gente
cómo iba de vencida;
de allí mira sus banderas
y estandartes que tenía,
cómo están todos pisados
que la tierra los cubría;
mira por los capitanes,
que ninguno parecía;
mira el campo tinto en sangre,
la cual arroyos corría[14].

Real: Tienda del rey.

Mudar: Moverse apartarse.

Vía: Camino.

Mancilla: Lástima.

Tinto: Teñido.

Almete: Yelmo, pieza de la armadura que cubría la cabeza.

Trabajo: Padecimiento.

Cerro: Elevación de tierra.

Parecía: Se veía.

[13] Por el color rojo de las brasas, pero también quizá por el extraño calor que el dramatismo de la situación genera.

[14] «La sangre fluía formando arroyos» (hipérbole).

Él, triste, de ver aquesto,
gran mancilla en sí tenía;
llorando de los sus ojos[15]
de esta manera decía:
—Ayer era rey de España[16],
hoy no lo soy de una villa;
ayer villas y castillos,
hoy ninguno poseía;
ayer tenía criados
y gente que me servía;
hoy no tengo una almena[17]
que pueda decir que es mía.
¡Desdichada fue la hora,
desdichado fue aquel día
en que nací y heredé
la tan grande señoría,
pues lo había de perder
todo junto y en un día!
¡Oh muerte!, ¿por qué no vienes
y llevas esta alma mía
de aqueste cuerpo mezquino,
pues se te agradecería?

Aquesto: Esto.
Mancilla: Lástima.
Señoría: Dominio.
Mezquino: Desgraciado.

5
ROMANCE DE LA PENITENCIA DEL REY DON RODRIGO[18]

Después que el rey don Rodrigo
a España perdido había,

[15] «Llorando de los sus ojos» es una fórmula frecuente en la épica.

[16] Las lamentaciones del rey se transforman en quejas articuladas en forma de paralelismo literario.

[17] La almena es una elevación de forma hexagonal que corona una fortaleza. De la popularidad que alcanzaron algunos romances de don Rodrigo da idea el hecho de que este verso y el siguiente fueran recordados por Maese Pedro en el *Quijote* (II,26).

[18] La popularidad de este romance quizá se deba a su trasfondo legendario y su relación con vidas de santos. La conversión de los pecadores, dedicados al final de sus días a hacer penitencia, era signo de ejemplaridad. La presencia del ermitaño y la serpiente completan la escena.

métese por las montañas,
Vía: Veía.
las más espesas que vía,
Porque: Para que.
porque no le hallen los moros
que en su seguimiento iban.
Topado ha: Se ha encontrado con.
Topado ha con un pastor
que su ganado traía;
díjole: —Dime, buen hombre,
lo que preguntarte quería[19]:
si hay por aquí poblado
Casería: Caserío.
o alguna casería
donde pueda descansar,
que gran fatiga traía.

El pastor respondió luego
que en balde la buscaría,
porque en todo aquel desierto
solo una ermita había,
donde estaba un ermitaño
que hacía muy santa vida.
El rey fue alegre de eso
por allí acabar su vida.
Pidió al hombre que le diese
de comer si algo tenía;
Zurrón: Bolsa grande de pellejo.
el pastor sacó un zurrón,
que siempre en él pan traía;
Tasajo: Pedazo de carne seca.
diole de él y de un tasajo
Acaso: Por casualidad.
que acaso allí echado había;
el pan era muy moreno[20],
al rey muy mal le sabía;
las lágrimas se le salen,
detener no las podía,
acordándose en su tiempo
los manjares que comía.
Después que hubo descansado
Pedía: Preguntaba.
por la ermita le pedía;

[19] Verso hipermétrico.

[20] El pan moreno (elaborado con harina de cereales distintos al trigo) era comida de gente pobre.

el pastor le enseñó luego
por dónde no erraría.
El rey le dio una cadena
y un anillo que traía,
joyas son de gran valor[21]
que el rey en mucho tenía.
Comenzando a caminar
ya cerca el sol se ponía;
llegado es a la ermita
que el pastor dicho le había.
Él, dando gracias a Dios,
luego a rezar se metía;
después que hubo rezado,
para el ermitaño se iba:
hombre es de autoridad[22],
que bien se le parecía.
Preguntóle el ermitaño
cómo allí fue su venida;
el rey, los ojos llorosos,
aquesto le respondía:
—El desdichado Rodrigo[23]
yo soy, que rey ser solía;
vengo a hacer penitencia
contigo en tu compañía;
no recibas pesadumbre,
por Dios y Santa María.
El ermitaño se espanta,
por consolarlo decía:
—Vos, cierto, habéis elegido
camino cual convenía
para vuestra salvación,
que Dios os perdonaría.
El ermitaño ruega a Dios[24]

Errar: Confundirse.

En mucho tenía: Apreciaba mucho.

Parecía: Notaba.

Cierto: Ciertamente.

[21] La entrega de las joyas es un ejemplo de renuncia a lo material.

[22] El ermitaño encarna la idea humana de perfección, especialmente en este momento en el que el rey trata de salvar su alma.

[23] El encabalgamiento que existe entre este verso y el siguiente se ha considerado como recurso de poesía culta.

[24] Verso hipermétrico.

por si le revelaría
la penitencia que diese
al rey que le convenía;
fuele luego revelado
de parte de Dios un día
que le meta en una tumba
con una culebra viva,
y esto tome en penitencia
por el mal que hecho había.
El ermitaño al rey
muy alegre se volvía;
contóselo todo al rey
cómo pasado lo había.
El rey, de esto muy gozoso[25],
luego en obra lo ponía;
métese como Dios manda[26]
para allí acabar su vida.
El ermitaño muy santo
mírale al tercero día,
dice: —¿Cómo os va, buen rey?
¿Vaos bien con la compañía?
—Hasta ahora no me ha tocado,
porque Dios no lo quería.
Ruega por mí, el ermitaño,
porque acabe bien mi vida.
El ermitaño lloraba,
gran compasión le tenía;
comenzóle a consolar
y esforzar cuanto podía.
Después vuelve el ermitaño
a ver ya si muerto había;
halló que estaba rezando
y que gemía y plañía;
preguntóle cómo estaba,

Esforzar: Dar ánimos.

Plañir: Llorar.

[25] El gozo del rey en este trance se explica por el fondo ejemplarizante del romance.

[26] La mayoría de las versiones coincide en recoger la forma «mandó», que, aun originando un verso hipermétrico, se explicaría porque en el canto la forma podía ser *màndo*.

—¡Dios es en la ayuda mía!
—respondió el buen rey Rodrigo—,
la culebra me comía.
Cómeme ya por la parte
que todo lo merecía,
por donde fue el principio
de la mi muy gran desdicha[27].
El ermitaño lo esfuerza,
el buen rey allí moría.
Aquí acabó el rey Rodrigo[28],
al cielo derecho se iba.

Todo: Todo el castigo.

[27] Su relación sexual con la Cava.
[28] Según la tradición, en Viseo (Portugal) se conserva el sepulcro de don Rodrigo.

Ciclo de Bernardo del Carpio[1]

6
ROMANCE DEL NACIMIENTO DE BERNARDO

En los reinos de León
el Casto Alfonso reinaba[2];
hermosa hermana tenía,
doña Jimena se llama.
Enamoróse de ella
ese conde de Saldaña[3],
mas no vivía engañado
porque la infanta lo amaba.
Muchas veces fueron juntos,
que nadie lo sospechaba;
de las veces que se vieron
la infanta quedó preñada;
la infanta parió a Bernardo
y luego monja se entraba.
Mandó el rey prender al conde
y ponerle muy gran guarda.

Monja se entraba: Ingresaba en un convento.

Guarda: Vigilancia.

7
ROMANCE DE LA ENTREVISTA DE BERNARDO CON EL REY

Con cartas y mensajeros
el rey al Carpio[4] envió;

[1] Parece demostrado que Bernardo fue solo un personaje legendario. Los romances dedicados a su figura tienen su origen en la *Primera Crónica General*. En ellos se evoca la personalidad de un héroe inventado por los castellanos para oponerlo al Roldán francés, el protagonista de la canción de gesta *La canción de Roldán*.

[2] Alfonso II el Casto, rey de Asturias y León (791-842).

[3] Saldaña es una población de Palencia. El Conde de Saldaña era Sancho Díaz.

[4] Las ruinas del castillo de Carpio se mantienen aún, próximas a Alba de Tormes, en la provincia de Salamanca. A pesar del trasfondo meramente legendario, Bernardo ha generado el topónimo Carpio Bernardo, pueblo asentado en las faldas de la fortaleza.

Bernardo, como es discreto,
de traición se receló;
las cartas echó en el suelo
y al mensajero habló[5]:
—Mensajero eres, amigo,
no mereces culpa, no,
mas al rey que acá te envía
dígasle tú esta razón:
que no lo estimo yo a él
ni aun a cuantos con él son,
mas por ver lo que me quiere
todavía allá iré yo.
Y mandó juntar los suyos,
de esta suerte les habló:
—Cuatrocientos sois los míos,
los que comedes mi pan[6]:
los cientos irán al Carpio
para el Carpio guardar;
los cientos por los caminos,
que a nadie dejen pasar;
doscientos iréis conmigo[7]
para con el rey hablar.
Si mala me la dijere,
peor se ha de tornar.
Por sus jornadas contadas
a la corte fue a llegar.
—Manténgaos Dios, buen rey,
y a cuantos con vos están.
—Mal vengades vos, Bernardo,
traidor, hijo de mal padre[8].
Dite yo el Carpio en tenencia,
tú tómaslo de heredad.

Se receló: Sospechó.

Todavía: Incluso.

Comedes: Coméis.

Mala: Mala palabra.

Jornadas contadas: En el tiempo justo.

Vengades: Vengáis.

Dite: Te di.

En tenencia: No en heredad.

[5] La discreción de Bernardo se manifiesta al no castigar al mensajero, a pesar de ser portador de noticias tristes para él.

[6] La expresión significa «mis vasallos». Nótese el cambio de rima.

[7] El gran número de guerreros que Bernardo lleva como escolta se explica por su temor a una traición.

[8] Las palabras *padre* y *parte* (verso 38) hacen pensar en la existencia de una *-e* paragógica en las rimas en *–á(e)* del romance.

Mentides: Mentís.

Cabría en parte: Tendríais parte, culpa.

Encinal: Encinar.

De juro: De derecho.

A mi padre: La liberación de mi padre.

Habemos: Hemos.

Do: Doy.

—Mentides, el rey, mentides,
que no dices la verdad,
que si yo fuese traidor
a vos os cabría en parte.
Acordárseos debía
de aquella del encinal,
cuando gentes extranjeras
allí os trataron tan mal,
que os mataron el caballo
y aun a vos querían matar;
Bernardo, como traidor[9],
de entre ellos os fue a sacar.
Allí me disteis el Carpio
de juro y de heredad;
prometísteme a mi padre,
no me guardaste verdad.
—¡Prendedlo, mis caballeros,
que igualado se me ha!
—¡Aquí, aquí, los mis doscientos,
los que comedes mi pan,
que hoy era venido el día
que honra habemos de ganar!
El rey, de que esto viera,
de esta suerte fue a hablar:
—¿Qué ha sido esto, Bernardo,
que así enojado te has?
¿Lo que hombre dice de burla
de veras vas a tomar?
Yo te do el Carpio, Bernardo,
De juro y de heredad.
—Aquestas burlas, el rey,
no son burlas de burlar;
llamásteme de traidor,
traidor, hijo de mal padre[10].

[9] La ironía con que se manifiesta Bernardo está justificada: él había salvado al rey, prestándole incluso su caballo.

[10] Como en el caso anterior, *padre* hace pensar en la *-e* paragógica; con ello se facilitaría la rima.

El Carpio ya no lo quiero,
bien lo podéis vos guardar,
que cuando yo lo quisiere
muy bien lo sabré ganar.

8
ROMANCE DE BERNARDO DEL CARPIO Y ALFONSO II EL CASTO[11]

Por las riberas de Arlanza[12]
Bernardo el Carpio cabalga,
en un caballo morcillo
enjaezado de grana;
la lanza terciada lleva
y en el arzón una adarga.
Mirábanle los de Burgos,
toda la gente admirada,
porque no se suele armar
sino a cosa señalada;
también le miraba el rey,
que está volando una garza[13].
Decía el rey a los suyos:
—Esta es una buena lanza;
o era Bernardo del Carpio,
o era Muza el de Granada[14].
Estando en estas razones,
Bernardo el Carpio llegaba;
sosegando va el caballo,
mas no dejara la lanza[15].

Morcillo: Negro con brillo rojo.

Enjaezado: Adornado con cintas.

Lanza terciada: Lanza corta de hoja ancha.

Arzón: Parte de la silla de montar.

Adarga: Escudo de cuero.

Cosa señalada: Suceso importante.

Volando: Cazando con aves de cetrería.

Buena lanza: Buen guerrero.

Sosegar: Calmar.

[11] El fondo del romance es el mismo de todos los de este ciclo: el sentimiento de rebeldía del héroe respecto al rey, acentuado por el parentesco entre ambos, ya que Bernardo es sobrino del monarca (véase la nota 2, pág. 40).

[12] El Arlanza nace en el término de Quintanar de la Sierra y pasa por las provincias de Burgos y Palencia. Es un afluente del Arlanzón, el río que pasa por Burgos.

[13] La posesión de aves de cetrería era un signo de nobleza.

[14] Muza es el nombre hispanizado de Musà Ibn Fortún. Perteneció a la familia de los Banú Qasí. Se hizo llamar tercer rey de España. En el año 859 fue vencido por el rey leonés Ordoño I en la batalla de Albelda. Murió en 862.

[15] El mantener la lanza es un acto de rebeldía.

Habló como hombre esforzado,
de esta suerte al rey hablaba:
—Bastardo me llaman, rey,
siendo hijo de tu hermana;
tú y los tuyos lo dicen,
que ninguno otro no osaba;
cualquiera que tal ha dicho
ha mentido por la barba,
que ni mi padre es traidor,
ni mala mujer tu hermana,
que cuando yo fui nacido,
ya mi madre era casada.
Metiste a mi padre en hierros
y a mi madre en orden sacra
por dejar esos tus reinos
a aquesos reyes de Francia[16].
Con gascones y leoneses
y con la gente asturiana
yo iré por su capitán
o moriré en la batalla.

Osar: Atreverse.

Por la barba: Fórmula de juramento.

En hierros: En prisión.

Sacra: Religiosa.

Aquesos: Esos.

Gascones: De Gascuña, región francesa

[16] Manteniendo a Bernardo como bastardo, no puede ser heredero y así el reino pasaría a los reyes franceses.

Ciclo de Fernán González

9
ROMANCE DE LA CRIANZA DE FERNÁN GONZÁLEZ[1]

En Castilla no había rey
ni menos emperador,
sino un infante niño
y de poco valor[2].
Andábanlo por hurtar
caballeros de Aragón;
hurtádole ha un carbonero[3]
de los que hacen carbón.
No le muestra a cortar leña,
ni menos a hacer carbón;
muéstrale jugar las cañas
y muéstrale justador,
también a jugar los dados
y las tablas muy mejor[4].
—Vámonos —dice—, mi ayo[5],
a mis tierras de Aragón:
a mí me alzarán por rey
y a vos por gobernador.

Mostrar: Enseñar.

Jugar las cañas: Juego medieval entre caballeros.

Justador: Participante en justas, torneos a caballo.

Tablas: Juegos de mesa, como el ajedrez, propios de gente noble.

[1] El conde Fernán González encarna la independencia de Castilla. Sus hazañas fueron narradas en el *Poema de Fernán González* escrito en cuaderna vía. Prosificado después, serviría de inspiración para estas composiciones. La independencia tiene una curiosa génesis literaria. Se trata de una deuda mal pagada: el rey Ramiro de León no puede pagar el precio prometido por el caballo y el azor que había comprado a Fernán González.

[2] Verso hipométrico: cabe la posibilidad de que en algún momento presentara la forma «y de *muy* poco valor», con lo que tendría la medida correcta. A continuación se mencionan unos «caballeros de Aragón», aunque en la leyenda de Fernán González no se aludía a Aragón.

[3] El carbonero que se convierte en ayo de Fernán González tiene relación con las leyendas de santos. También puede tratarse de un caballero que oculta su identidad.

[4] Los juegos de mesa completan la formación del niño, educado para ser un personaje de la nobleza.

[5] El ayo era el encargado de educar a los niños y jóvenes en las familias de la nobleza.

10
ROMANCE DE FERNÁN GONZÁLEZ Y EL REY DON SANCHO ORDÓÑEZ[6]

Divisiones: Disputas.

Hideputas: Hijos de puta.

Derribar: Echar a tierra (dejan caer los mantos para combatir).

Castellanos y leoneses
tienen grandes divisiones,
el conde Fernán González
y el buen rey don Sancho Ordóñez[7];
sobre el partir de las tierras[8],
ahí pasan malas razones:
llámanse de hideputas,
hijos de padres traidores;
echan mano a las espadas,
derriban ricos mantones.
No les pueden poner tregua
cuantos en la corte son[9];
pónenselas dos hermanos,
aquesos benditos monjes[10],
pónenlas por quince días,
que no pueden por más, no,
que se vayan a los prados
que dicen de Carrión[11].
Si mucho madruga el rey,
el conde no dormía, no.
El conde partió de Burgos,

[6] Los versos de este romance reflejan con viveza la escena en la que el conde Fernán González y el rey de León, Sancho Ordóñez, discuten sobre las fronteras de Castilla y de León. Las contraposiciones entre ambos personajes son reflejo de las diferencias entre los dos reinos.

[7] El rey era realmente Sancho I el Craso.

[8] Al no poder pagar la deuda del caballo y el halcón, el conde ha atacado las tierras del rey. Los dos personajes discuten sobre el límite que han de tener esas tierras.

[9] *Son* aparece en versiones antiguas como *sone*, con la *-e* paragógica, con la que rimarían los demás versos, hasta el verso 36 —«su gesto muy demudado»—, en el que cambia la rima *ó-é* a la de *á-ó*.

[10] En la crónicas, no son monjes los que intentan mediar entre ellos sino el abad de Sahagún y otros *prelados*.

[11] Carrión de los Condes es una población de Palencia. Más adelante se menciona el río Carrión, que pasa por dicha provincia.

y el rey partió de León;
venido se han a juntar
al vado de Carrión,
y a la pasada del río
movieron una cuestión:
los del rey, que pasarían,
y los del conde, que no.
El rey, como era risueño,
la su mula revolvió;
el conde, con lozanía,
su caballo arremetió;
con el agua y el arena
al buen rey él salpicó.
Allí hablara el buen rey,
su gesto muy demudado[12]:
—Buen conde Fernán González,
mucho sois desmesurado,
si no fuera por las treguas
que los monjes nos han dado,
la cabeza de los hombros
ya vos la hubiera quitado;
con la sangre que os sacara
yo tiñera aqueste vado.
El conde le respondiera,
como aquel que era osado:
—Eso que decís, buen rey,
véolo mal aliñado:
vos venís en gruesa mula[13],
yo en ligero caballo;
vos traéis sayo de seda,
yo traigo un arnés trenzado;
vos traéis alfanje de oro,
yo traigo lanza en mi mano;
vos traéis cetro de rey,
yo un venablo acerado;

Vado: Parte poco profunda del río.

Cuestión: Apuesta.

Risueño: Bromista.

Revolvió: Hizo tornar.

Lozanía: Arrogancia.

Gesto: Rostro.

Desmesurado: Desmedido, descortés.

Aqueste: Este.

Aliñado: Preparado.

Sayo: Prenda de vestir que llegaba hasta la rodilla.

Arnés trenzado: Armadura de acero bien articulada.

Alfanje: Sable ancho y curvo.

Venablo acerado: Lanza corta de acero.

[12] El cambio de rima se ha considerado como un retoque juglaresco.

[13] La mula era animal de paseo, no de combate. La cabalgadura y su atuendo dejan al rey en situación de inferioridad.

vos con guantes olorosos[14],
yo con los de acero claro;
vos con la gorra de fiesta,

Afinado: De metal puro.

yo con un casco afinado;
vos traéis ciento de mula,
yo trescientos de caballo[15].
Ellos en aquesto estando,
los frailes que han allegado:

Tate: Interjección usada para llamar la atención de alguien.

Hijosdalgo: Hidalgos.

—¡Tate, tate, caballeros!
¡Tate, tate, hijosdalgo!
¡Cuán mal cumplisteis las treguas
que nos habíais mandado!
Allí hablara el buen rey:
—Yo las cumpliré de grado.
Pero respondiera el conde:
—Yo de pies puesto en el campo.

Vido: Vio.

Cuando vido aquesto el rey,
no quiso pasar el vado.
Vuélvese para sus tierras,
malamente va enojado,

Bascas: Gestos rabiosos.

grandes bascas va haciendo,
reciamente va jurando,
que había de matar al conde
y destruir su condado.
Y mandó llamar a cortes,
por los grandes ha enviado;
todos ellos son venidos,
solo el conde ha faltado.

Se le hace: Se le envía.

Mensajero se le hace
a que cumpla su mandado;
el mensajero que fue
de esta suerte le ha hablado[16].

---

[14] Para evitar el mal olor, los guantes se perfumaban, normalmente con ámbar.

[15] La referencia al número de caballeros y a su cabalgadura es la prueba definitiva de la superioridad de Fernán González.

[16] El romance, de final truncado, se continúa con el titulado «Fernán González se niega a ir a las Cortes», en que se describe la progresiva separación entre los dos reinos. Castilla simbolizará la condición de reino nuevo, frente al de León, un reino ya caduco.

Ciclo de los siete infantes de Lara[1]

11
ROMANCE DE LOS INFANTES DE LARA Y DE LAS QUEJAS DE DOÑA LAMBRA[2]

A Calatrava la vieja[3]
la combaten castellanos;
por cima de Guadïana
derribaron tres pedazos;
por los dos salen los moros,
por el uno entran cristianos.
Allá dentro de la plaza
fueron a armar un tablado,
que aquel que lo derribare
ganara de oro un escaño.
Este don Rodrigo de Lara[4],
que ese lo había ganado,
del conde Garci Hernández sobrino[5]
y de doña Sancha hermano,
al conde Garci Hernández
se lo llevó presentado,
que le trate casamiento
con aquesa doña Lambra[6].
Ya se trata casamiento,
—¡hecho fue en hora menguada!—

Tablado: Armazón de madera.

Escaño: Banco ancho, con respaldo.

Presentado: Como presente, regalo.

Hora menguada: Tiempo poco favorable.

[1] El ambiente que recogen estos poemas tiene una base histórica: más difícil resulta que sean ciertos los odios, rivalidades y venganzas familiares que sirven de argumento.

[2] Los romances de doña Lambra y don Rodrigo presentan versiones diferentes, aunque se mantiene el fondo de enfrentamiento y venganza. Las diferencias de rima son evidentes en el romance. Algunas ediciones incluyen el último cuerpo del poema (iniciado en el verso «Yo me estaba en Barbadillo») como un romance independiente, titulado «Las quejas de doña Lambra». Por razones métricas se mantienen formas arcaicas como vengades, salgades, calledes…

[3] La conquista de Calatrava, en la provincia de Ciudad Real, tuvo lugar en 1147.

[4] Don Rodrigo de Lara era Ruy Velázquez en las crónicas. El verso es hipermétrico.

[5] Verso también hipermétrico.

[6] Aquí se inicia la segunda asonancia, en *a-a*.

doña Lambra de Burueva[7]
con don Rodrigo de Lara.
Las bodas fueron en Burgos,
las tornabodas en Salas[8];
en bodas y tornabodas
pasaron siete semanas:
tantas vienen de las gentes
que no caben por las plazas,
¡y aún faltan por venir
los siete infantes de Lara!
¡Helos, helos por do vienen
con toda la su compaña!
Saliolos a recibir
la su madre doña Sancha:
—Bien vengades, los mis hijos,
buena sea vuestra llegada.
Allá iredes a posar
a esa cal de Cantarranas[9];
hallaréis las mesas puestas,
vïandas aparejadas.
desque hayáis comido, hijos,
no salgades a las plazas,
porque las gentes son muchas,
trábanse muchas barajas[10].
Desque todos han comido,
van a bohordar a la plaza;
no salen los siete infantes,
su madre se lo mandara;
mas, desque hubieron comido,
siéntanse a jugar las tablas.
Tiran unos, tiran otros:

Tornabodas: Fiestas después de las bodas.

Helos: Ahí están, miradlos.

Saliolos a recibir: Salió a recibirlos.

Cal: Calle.

Viandas aparejadas: Manjares preparados.

Desque: Después de que, en cuanto.

Barajas: Riñas.

Bohordar: Tirar bohordos, lanzas arrojadizas.

Tablas: Juegos de mesa entre nobles.

---

[7] La Bureba, junto con La Lora, son dos comarcas burgalesas muy vinculadas al mundo de la épica.

[8] La duración de las fiestas posteriores a las bodas era prueba de la categoría y esplendidez de las familias de los contrayentes. *Salas,* denominación más antigua que Lara, es una población de la provincia de Burgos.

[9] Cantarranas es un topónimo urbano bastante frecuente.

[10] Doña Sancha,frente a la maldad de doña Lambra, se presenta como mujer prudente.

ninguno bien bohordaba.
Allí salió un caballero
de los de Córdoba la llana[11],
bohordó hacia el tablado
y una vara bien tirara.
Allí hablara la novia
de esta manera hablara:
—Amad, señoras, amad,
cada una en su lugar,
que más vale un caballero
de los de Córdoba la llana
que no veinte ni treinta
de los de la casa de Lara[12].
Oído lo había doña Sancha,
de esta manera hablara:
—No digáis eso, señora,
no digades tal palabra,
porque aún hoy os desposaron
con don Rodrigo de Lara.
—Más calláis vos, doña Sancha,
no debéis ser escuchada,
que siete hijos pariste
como puerca encenagada.
Oído lo había el ayo
que a los infantes criaba,
de allí se había salido,
triste se fue a su posada.
Halló que estaban jugando
los infantes a las tablas,
si no era el menor de ellos,
Gonzalo González se llama[13];
recostado lo halló
de pechos en la baranda.
—¡Cómo venís triste, amo!

Vara: Lanza.

Puerca: Cerda.

[11] Verso hipermétrico.

[12] Las palabras de la novia se componen de versos que presentan en su mayoría condición métrica especial.

[13] Verso hipermétrico.

Decid quién os enojara.
Tanto le rogó Gonzalo,
que el ayo se lo contara:
—Mas mucho os ruego, mi hijo,
que no salgáis a la plaza.
No lo quiso hacer Gonzalo[14],
mas antes tomó una lanza:
caballero en un caballo
vase derecho a la plaza,
vido estar el tablado
que nadie lo derribara;
enderezóse en la silla,
con él en el suelo daba.
Desque lo hubo derribado
de esta manera hablara:
—Amade, putas, amad[15],
cada una en su lugar,
que más vale un caballero
de los de la casa de Lara,
que cuarenta ni cincuenta
de los de Córdoba la llana[16].
Doña Lambra, que esto oyera,
bajóse muy enojada,
sin aguardar a los suyos
fuese para su posada.
Halló en ella a don Rodrigo,
de esta manera le habla[17]:
—Yo me estaba en Barbadillo[18],
en esta mi heredad;

Vido: Vio.

[14] Gonzalo, al ser el menor, abandona la protección materna para demostrar que se ha hecho adulto.

[15] Todas las ediciones reflejan la forma arcaica *amade*, a pesar de que en las palabras de la novia aparece *amad*. Puede explicarse por el número de sílabas de los versos.

[16] Las palabras de don Gonzalo, réplica a las de la novia, se cargan de carácter ofensivo. El gesto caballeresco se transforma negativamente. Como en el parlamento de la novia, hay dos versos hipermétricos.

[17] Aquí se inicia el romance que algunos editores consideran independiente. El que las palabras de un personaje den lugar a otra composición es un recurso normal en el *Romancero*. Ocurre, por ejemplo, en los romances de Fernán González.

[18] Barbadillo es un lugar de Burgos, al que va doña Lambra después de la boda.

mal me quieren en Castilla
los que me habían de aguardar.
Los hijos de doña Sancha
mal amenazado me han:
que me cortarían las faldas
por vergonzoso lugar[19],
y cebarían sus halcones
dentro de mi palomar[20],
y me forzarían mis damas,
casadas y por casar;
matáronme un cocinero
so faldas de mi brial[21].
Si de esto no me vengáis
yo mora me iré a tornar.
Allí habló don Rodrigo,
bien oiréis lo que dirá:
—Calledes, la mi señora,
vos no digades atal;
de los infantes de Salas
yo vos pienso de vengar;
telilla les tengo urdida,
bien se la cuido tramar,
que nacidos y por nacer[22]
de ello tengan que contar.

Aguardar: Proteger.

So: Debajo de.

Brial: Vestido de seda que usaban las mujeres.

Atal: Tal (cosa).

Vos: Os.

Telilla (...) urdida: Trampa (...) preparada.

Cuido: Pienso.

12
¡AY DIOS, QUÉ BUEN CABALLERO...![23]

¡Ay Dios, qué buen caballero
fue don Rodrigo de Lara,
que mató cinco mil moros

[19] Era castigo frecuente para con las prostitutas.

[20] La posesión de palomas era signo de nobleza y exigía respeto con las palomas ajenas.

[21] La protección dada por una dama, normalmente a los inferiores, era casi inviolable.

[22] Verso hipermétrico.

[23] Se trata de una versión más moderna que las anteriores. A pesar de que se narran los mismos sucesos, la brevedad con que se expone la hace más moderna. Añade el detalle de don Rodrigo de Lara, de actitud cruel con sus sobrinos.

con trescientos que llevaba!
Si aqueste muriera entonces,
¡qué grande fama dejara!,
no matara a sus sobrinos,
los siete infantes de Lara,
ni vendiera sus cabezas
al moro que las llevaba.
Ya se trataban sus bodas
con la linda doña Lambra.
Las bodas se hacen en Burgos,
las tornabodas en Salas;
las bodas y tornabodas
duraron siete semanas:
las bodas fueron muy buenas,
mas las tornabodas malas.
Ya convidan por Castilla,
por Castilla y por Navarra:
tanta viene de la gente
que no hallaban posadas,
y aún faltan por venir
los siete infantes de Lara.
Helos, helos por do vienen
por aquella vega llana;
sálelos a recibir
la su madre doña Sancha.
—Bien vengades, los mis hijos,
buena sea vuestra llegada.
—Norabuena estéis, señora,
nuestra madre doña Sancha.
Ellos le besan las manos[24],
ella a ellos en la cara.
—Huelgo de veros a todos,
que ninguno nos faltaba,
y más a vos, Gonzalvico[25],

Tornabodas: Fiestas después de las bodas.

Do: Donde.

Norabuena: Enhorabuena (aféresis).

Huelgo: Me alegro.

[24] Esta fórmula de saludo no aparece en las otras versiones. Llama la atención la distinta muestra de afecto.

[25] En otros romances al menor de los hijos se le llama Gonzalillo.

porque a vos mucho amaba.
Tornad a cabalgar, hijos,
y tomedes vuestras armas,
y allá iréis a posar
al barrio de Cantarranas.
Por Dios os ruego, mis hijos,
no salgáis de las posadas,
porque en semejantes fiestas
se urden buenas lanzadas.
Ya cabalgan los infantes
y se van a sus posadas;
hallaron las mesas puestas
y viandas aparejadas[26].

Tomedes: Toméis.

Viandas aparejadas: Manjares preparados.

13
ROMANCE DE LOS INFANTES DE LARA[27]

El hijo del castellano
habido en la mora Arlaja[28],
sale a conocer su padre
de Córdoba, donde estaba,
el buen Mudarra[29].
Con la mitad de un anillo
que de su madre llevaba,
porque por él le conozca
el que la otra guardaba,
al buen Mudarra.
La sangre real de Bustos[30]
arde en la mezclada masa,

[26] A pesar de su modernidad, la narración de los hechos resulta más elemental.

[27] La peculiaridad de este romance (distinto en su contenido de lo que el título indica) es la presentación de Mudarra, el hermano bastardo de los infantes. Provisto de la mitad del anillo como elemento de identificación, va a conocer a su padre.

[28] No suele reflejarse el nombre de la mujer mora, madre de Mudarra.

[29] El estribillo que se inserta entre los versos sirve para resaltar la importancia del personaje.

[30] Hay que entender que Bustos se refiere a Gonzalo Gustos.

que aunque el cuerpo a la morisca
lleva el alma a la cristiana[31],
el buen Mudarra.
Aspira al paterno origen
del joven la fatal fama,
Cuidosa: Cuidadosa.
cuidosa de su descuido
que de ser quien es le aparta,
al buen Mudarra.
Juzga, según su deseo
que el veloz corredor tarda;
que, aunque en Córdoba los ojos,
lleva el pensamiento en Salas[32],
el buen Mudarra.
Pasado el soberbio puente
que el ancho corriente abarca,
La partida seña: La mitad del anillo.
la partida seña mira
y entre sí confuso habla
el buen Mudarra.

14
ROMANCE DE LA VENGANZA DE MUDARRA GONZÁLEZ[33]

Siesta: Calor (relacionado con la hora sexta = entre las doce y las tres de la tarde).

Renegada: Infiel.

A cazar va don Rodrigo,
y aun don Rodrigo de Lara[34],
con la grande siesta que hace
arrimádose ha a una haya,
maldiciendo a Mudarrillo[35],
hijo de la renegada,

[31] Es patente la importancia que se da a lo cristiano, que el personaje lleva en el alma.

[32] El paralelismo con sus sentimientos es evidente: la misma división que de ellos tenía, la tiene respecto a sus escenarios familiares.

[33] El romance es modélico en su forma literaria. Una rápida descripción da paso a unos versos que responden a la estructura del *romance-escena*. El tenso diálogo entre los personajes lleva a la muerte.

[34] El autor especifica de qué personaje se trata, evitando que se confunda con otros del mismo nombre.

[35] El empleo del diminutivo incluye un tono despectivo.

que si a las manos le hubiese
que le sacaría el alma.
El señor estando en esto,
Mudarrillo que asomaba.
—Dios te salve, caballero,
debajo la verde haya.
—Así haga a ti, escudero[36],
buena sea tu llegada.
—Dígasme tú, el caballero,
cómo era la tu gracia.
—A mí dicen don Rodrigo,
y aun don Rodrigo de Lara,
cuñado de Gonzalo Gustos[37],
hermano de doña Sancha;
por sobrinos me los hube
los siete infantes de Salas;
espero aquí a Mudarrillo[38],
hijo de la renegada;
si delante lo tuviese,
yo le sacaría el alma.
—Si a ti dicen don Rodrigo,
y aun don Rodrigo de Lara,
a mí Mudarra González,
hijo de la renegada;
de Gonzalo Gustos hijo
y alnado de doña Sancha;
por hermanos me los hube
los siete infantes de Salas;
tú los vendiste, traidor,
en el val de Arabiana[39],
mas si Dios a mí me ayuda,
aquí dejarás el alma.

Gracia: Nombre.

Hube: Tuve.

Alnado: Hijastro.

Val: Valle.

---

[36] El joven no tiene aún edad para ser caballero.

[37] Verso hipermétrico.

[38] Lo extraño de la situación de la espera se explica porque el romance es una refundición muy resumida de diversos pasajes.

[39] Arabiana era el valle en el que habían muerto los infantes de Lara en una emboscada con los moros.

—Espéresme, don Gonzalo,
iré a tomar las mis armas.
—El espera que tú diste
a los infantes de Lara.
Aquí morirás, traidor,
enemigo de doña Sancha[40].

[40] Estos dos últimos versos serán citados por Sancho Panza en la segunda parte del *Quijote* (cap. 60).

Ciclo del Cid[1]

15
ROMANCE DEL CID RUY DÍAZ

Cabalga Diego Laínez
al buen rey besar la mano[2];
consigo se los llevaba
los trescientos hijosdalgo;
entre ellos iba Rodrigo,
el soberbio castellano.
Todos cabalgan a mula[3],
solo Rodrigo a caballo;
todos visten oro y seda,
Rodrigo va bien armado;
todos espadas ceñidas,
Rodrigo estoque dorado;
todos con sendas varicas,
Rodrigo lanza en la mano;
todos guantes olorosos[4],
Rodrigo guante mallado;
todos sombreros muy ricos,
Rodrigo casco afilado,
y encima del casco lleva
un bonete colorado.
Andando por su camino,
unos con otros hablando,
allegados son a Burgos,
con el rey se han encontrado.
Los que vienen con el rey

Hijosdalgo: Hidalgos.

Estoque: Espada fina y larga.

Sendas varicas: Una vara cada uno.

Guante mallado: De malla de cuero o de metal.

Bonete: Especie de gorra de cuatro picos.

[1] Los árabes llamaron a Rodrigo Díaz de Vivar «Cid» (señor). En desacuerdo con el rey leonés Alfonso VI, el Cid luchará en su destierro contra moros y cristianos. Sus gestas quedarán reflejadas en el *Cantar de Mío Cid.*

[2] Besar la mano era señal de vasallaje.

[3] Frente a la igualdad de los demás, el Cid resulta distinto; la primera diferencia está en su caballo, frente a las mulas, animal de paseo, en que montan los demás.

[4] Los guantes perfumados, señal de lujo, no son los del Cid, que los lleva de cuero o de metal. Nótese la construcción de esta primera parte del romance a base de antítesis.

Razonando: Hablando.
De quedo: En voz baja.

entre sí van razonando;
unos lo dicen de quedo,
otros lo van preguntando[5]:
—Aquí viene, entre esta gente,
quien mató al conde Lozano[6].
Como lo oyera Rodrigo

En hito: Fijamente.

en hito los ha mirado,
con alta y soberbia voz
de esta manera ha hablado[7]:
—Si hay alguno entre vosotros

Adeudado: Familiar.

su pariente o adeudado
que se pese de su muerte

Demandarlo: Entablar demanda.
Defenderé: Alegaré en su favor.

salga luego a demandarlo,
yo se lo defenderé,
quiera a pie, quiera a caballo.
Todos responden a una:
—Demándelo su pecado.
Todos se apearon juntos
para el rey besar la mano;
Rodrigo se quedó solo,
encima de su caballo;
entonces habló su padre,
bien oiréis lo que ha hablado:
—Apeaos vos, mi hijo,
besaréis al rey la mano,
porque él es vuestro señor,
vos, hijo, sois su vasallo.
Desque Rodrigo esto oyó
sintióse más agraviado;
la palabras que responde
son de hombre muy enojado:

[5] El sentido pide «pregonando» en vez de *preguntando*. Parece un error de interpretación de oído.

[6] Lozano, apellido del padre de doña Jimena, fue en principio un adjetivo con el significado de *orgulloso*. En el teatro barroco encontramos a menudo el juego con el doble significado de la palabra.

[7] La escena responde a una situación parecida a la de Bernardo del Carpio: un personaje se rebela contra la condición de vasallaje que, de forma injusta, el rey impone.

—Si otro me lo dijera
ya me lo hubiese pagado;
mas por mandarlo vos, padre,
yo lo haré de buen grado[8].
Ya se apeaba Rodrigo
para al rey besar la mano,
al hincar de la rodilla[9]
el estoque se ha arrancado.
Espantóse de esto el rey
y dijo como turbado:
—Quítate, Rodrigo, allá,
quítateme allá, dïablo,
que tienes el gesto de hombre
y los hechos de león bravo.
Como Rodrigo esto oyó
aprisa pide el caballo;
con una voz alterada
contra el rey así ha hablado:
—Por besar mano de rey
no me tengo por honrado;
porque la besó mi padre
me tengo por afrentado.
En diciendo estas palabras
salido se ha del palacio,
consigo se los tornaba
los trescientos hijosdalgo.
Si bien vinieron vestidos,
volvieron mejor armados,
y si vinieron en mulas,
todos vuelven en caballos[10].

[8] El respeto que demuestra hacia su padre humaniza la figura del Cid.

[9] El arrodillarse le sirve al Cid para sacar su estoque en tono de amenaza.

[10] No tiene explicación clara el hecho de que los componentes del ejército del Cid vuelvan a caballo, en vez de en mulas. Parece una premonición o un anticipo de los futuros triunfos.

16
ROMANCE DE LA JURA DE SANTA GADEA Y DESTIERRO DEL CID[11]

En Santa Águeda de Burgos[12],
do juran los hijosdalgo,
allí toma juramento
el Cid al rey castellano,
si se halló en la muerte
del rey don Sancho, su hermano[13].
Las juras eran muy recias,
el rey no las ha otorgado.
—Villanos te maten, Alonso[14],
villanos, que no hidalgos[15],
de las Asturias de Oviedo,
que no sean castellanos;
si ellos son de León,
yo te los doy por marcados.
Caballeros vayan en yeguas[16],
en yeguas, que no en caballos;
las riendas traigan de cuerda
y no con frenos dorados;
abarcas traigan calzadas
y no zapatos con lazo;
las piernas traigan desnudas,

Do: Donde.

Juras: Condiciones del juramento.

Otorgado: Aceptado.

Los doy por marcados: Los asigno para ti.

Abarcas: Calzado de cuero que cubre solo la planta de los pies.

---

[11] Aunque el acto de esta jura pasó a las crónicas y suele considerarse como la causa del destierro del Cid, la crítica lo considera una invención juglaresca. Independientemente de ello, los versos reflejan muy bien el enfrentamiento entre el villano y el hidalgo.

[12] En otros romances se habla de Santa Gadea; es una iglesia de Burgos, que todavía se conserva.

[13] Antes de aceptarlo como rey, los castellanos hacen jurar a Alfonso VI en 1072 que no ha tenido nada que ver en la muerte de Sancho II, ocurrida en el cerco de Zamora, a manos de Vellido Dolfos. Tradicionalmente, el suceso de la jura se considera como causa del destierro del Cid, pero debieron existir otros motivos.

[14] Aunque de estructura métrica rara, todas las versiones reflejan la forma *te maten,* en vez de *mátente,* más armónica con la condición octosilábica del verso.

[15] Los males que el Cid desea al rey, si este jura en falso, se inician con la condición de sus asesinos, que sean villanos, de baja condición.

[16] El Cid se toma incluso el derecho de elegir quiénes deberían ser los asesinos, prueba de autosuficiencia y soberbia. Es un verso hipermétrico.

Calzas: Prenda de vestir que cubría el muslo y la pierna.

Capas aguaderas: De tela impermeable.

Capuz: Especie de gorro puntiagudo.

Tabardo: Abrigo de paño tosco.

Estopa: Tela gruesa de lino o cáñamo.

Holanda: Lienzo muy fino.

Aguijada: Vara larga con una punta de hierro en el extremo.

Cachicuernos: Con cachas de cuerno.

Arada: Tierra labrada.

Fuiste: Estuviste.

Cras: Mañana.

no calzas de fino paño;
traigan capas aguaderas,
no capuces ni tabardos;
con camisones de estopa,
no de holanda ni labrados.
Mátente con aguijadas,
no con lanzas ni con dardos,
con cuchillos cachicuernos,
no con puñales dorados;
mátente por las aradas,
no por caminos hollados[17];
y sáquente el corazón
por el derecho costado,
si no dices la verdad
de lo que te es preguntado:
si tú fuiste o consentiste
en la muerte de tu hermano.
 Allí respondió el buen rey,
bien oiréis lo que ha hablado:
 —Mucho me aprietas, Rodrigo;
Rodrigo, mal me has tratado.
Mas hoy me tomas la jura,
cras me besarás la mano.
 Allí respondió el buen Cid
como hombre muy enojado:
 —Aqueso será, buen rey,
como fuere galardonado[18],
que allá en las otras tierras
dan sueldo a los hijosdalgo.
Por besar mano de rey
no me tengo por honrado;
porque la besó mi padre
me tengo por afrentado[19].
 —Vete de mis tierras, Cid,

[17] A pesar de que buena parte de las ediciones reproduce la forma *hoyados*, parece más correcta la forma *hollados;* es decir, en caminos pisados, hollados por la gente.

[18] Verso hipermétrico.

[19] Se repiten los versos del nº 15, «Romance del Cid Ruy Díaz».

mal caballero probado.
Vete, no me entres en ellas
hasta un año pasado.
—Que me place —dijo el Cid—,
que me place de buen grado,
por ser la primera cosa
que mandas en tu reinado.
Tú me destierras por uno,
yo me destierro por cuatro[20].
Ya se partía el buen Cid
de Vivar esos palacios:
las puertas deja cerradas,
los alamudes echados,
las cadenas deja llenas
de podencos y de galgos;
con él lleva sus halcones,
los pollos y los mudados;
con el van los caballeros,
todos eran hijosdalgo;
los unos iban en mula
y los otros a caballo.
Por una ribera arriba
al Cid van acompañando,
acompañándolo bien
mientras él iba cazando[21].

Alamud: Barra de hierro para asegurar puertas y ventanas.

Podenco: Perro de caza.

Pollos: Halcones jóvenes.

Mudados: Halcones adultos.

17
EN LAS ALMENAS DE TORO[22]

En las almenas de Toro,
allí estaba una doncella,

[20] La soberbia que manifiesta el Cid ante el rey se intensifica con esta expresión de desprecio. No tiene nada que ver con la situación de desánimo con que empezaba el destierro el Cid en el *Cantar de Mío Cid*.

[21] Los gestos anteriores se completan con otros detalles: lleva sus aves de cetrería e, incluso, va cazando mientras sus guerreros van *«acompañándolo bien»*.

[22] La vaga referencia a unos amores incestuosos del rey Alfonso VI con su hermana doña Urraca provocan un nuevo motivo de enfrentamiento con el Cid.

Namorado: Enamorado (aféresis).

Manceba: Concubina, amante.

Ballestero: Soldado armado con una ballesta para disparar flechas.

Tiendas: De campaña.

Irme he: Me iré.

Brocado: Tela fuerte de seda.

Holgando: Descansando, disfrutando.

vestida de paños negros[23],
reluciente como estrella;
pasara el rey don Alfonso,
namorado se había de ella.
Dice: Si es hija de rey,
que se casaría con ella,
y si es hija de duque
serviría por manceba.
Allí hablara el buen Cid[24],
estas palabras dijera:
—Vuestra hermana es, señor,
vuestra hermana es aquella.
—Si mi hermana es —dijo el rey—,
¡fuego malo encienda en ella![25]
Llámenme mis ballesteros,
tírenle sendas saetas,
y aquel que la errare[26]
que le corten la cabeza.
Allí hablara el buen Cid,
de esta suerte respondiera:
—Mas aquel que la tirare[27],
pase por la misma pena.
—Idos de mis tiendas, Cid,
no quiero que estéis en ellas.
—Pláceme —respondió el Cid—,
que son viejas y no nuevas;
irme he yo para las mías
que son de brocado y seda,
que no las gané holgando,
ni bebiendo en la taberna;
ganelas en las batallas
con mi lanza y mi bandera.

[23] *Toro* es una ciudad de la provincia de Zamora. Situada sobre el río Duero, fue de gran importancia en la Reconquista por su valor estratégico. Las *almenas* eran cada una de los prismas, generalmente rectangulares, que remataban una fortaleza. La *doncella* parece ser doña Urraca, la hermana de Alfonso VI. Los *paños negros* son vestimentas de luto.

[24] El Cid se presenta en las crónicas como defensor de doña Urraca.

[25] Fórmula de maldición que viene a decir «fuego malo encienda en ella que la abrase».

[26] Verso hipométrico.

[27] En algunas ediciones se reproduce *le,* con lo cual cambia el sentido del verso.

18
ROMANCE DE LAS QUEJAS DE JIMENA GÓMEZ[28]

Día era de los Reyes,
día era señalado,
cuando dueñas y doncellas
al rey piden aguinaldo.
Si no es Jimena Gómez,
hija del conde Lozano,
que, puesta delante el rey,
de esta manera ha hablado[29]:
—Con mancilla vivo, rey,
con ella vive mi madre;
cada día que amanece
veo quien mató a mi padre,
caballero en un caballo
y en su mano un gavilán;
otra vez con un halcón
que trae para cazar;
por hacerme más enojo,
cébalo en mi palomar,
con sangre de mis palomas
ensangrentó mi brial.
Enviéselo a decir,
envióme a amenazar
que me cortará mis faldas
por vergonzoso lugar[30],
me forzará mis doncellas,
casadas y por casar,

Dueñas: Mujeres casadas.

Doncellas: Solteras, vírgenes.

Aguinaldo: Regalo navideño.

Mancilla: Vergüenza, lástima.

Gavilán: Avez rapaz.

Brial: Vestido de seda o tela rica.

---

[28] En este romance se crea una situación peculiar: doña Jimena lamenta el comportamiento personal del Cid, por quien se siente agraviada, pues el Cid ha dado muerte al conde Lozano, padre de doña Jimena. La única forma de que el caballero corrija sus atropellos es casándose con ella. Estamos ante una visión humanizada del héroe.

[29] A partir del verso siguiente, el cambio de asonancia exige que haya *-e* paragógica; solo así se explica la rima a partir del verso catorce, «y en su mano un gavilán».

[30] La misma amenaza la sufre doña Lambra en el «Romance de los infantes de Lara y las quejas de doña Lambra».(nº 11, nota 19).

So haldas: Bajo los pliegues.

Holgar: Disfrutar.

De que: Tan pronto como.

Consejar: Aconsejar (aféresis).

Cortes: Juntas de Castilla.

Volverán: Rebelarán.

matárame un pajecico
so haldas de mi brial.
Rey que no hace justicia
no debía de reinar,
ni cabalgar en caballo,
ni espuela de oro calzar,
ni comer pan a manteles,
ni con la reina holgar,
ni oír misa en sagrado,
porque no merece más.
El rey, de que esto oyera,
comenzara de hablar:
—¡Oh, válgame Dios del cielo!
¡Quiérame Dios consejar!
Si yo prendo o mato al Cid
mis cortes se volverán,
y si no hago justicia
mi alma lo pagará.
—Téntelas tus cortes, rey,
no te las revuelva nadie,
al Cid que mató a mi padre
dámelo tú por igual,
que quien tanto mal me hizo
sé que algún bien me hará.
Entonces dijera el rey,
bien oiréis lo que dirá:
—Siempre lo oí decir,
y ahora veo que es verdad,
que el seso de las mujeres
que no era natural[31]:
hasta aquí pidió justicia,
ya quiere con él casar.
Yo lo haré de buen grado,
de muy buena voluntad;
mandarle quiero una carta,

[31] El comentario del rey, sorprendido por la reacción de doña Jimena, puede explicar la petición de esta, probablemente enamorada del Cid.

mandarle quiero llamar[32].
Las palabras no son dichas,
la carta camino va,
mensajero que la lleva
dado la había a su padre.
—Malas mañas habéis, conde,
no os las puedo quitar,
que cartas que el rey os manda
no me las queréis mostrar.
—No era nada, mi hijo,
sino que vades allá.
Quedaos aquí, hijo,
yo iré en vuestro lugar.
nunca Dios a tal quisiese
ni Santa María lo mande,
sino que adonde vos fuereis
que vaya yo adelante.

Mañas: Costumbres.

Vades: Vayáis.

[32] En las versiones antiguas, los versos siguientes figuran con *-e* paragógica. La métrica es bastante irregular.

Ciclo del cerco de Zamora y el Cid

19
ROMANCE DE LAS QUEJAS DE DOÑA URRACA[1]

Queredes: Queréis.
Haya: Salve.
Mandaste: Dejaste.
Errada: Entregada a la prostitución.
De gracia: Gratuitamente.
Calledes: Callad.
Digades: Digáis.

—Morir vos queredes, padre,
¡san Miguel os haya el alma!
Mandaste las vuestras tierras
a quien se os antojara:
a don Sancho a Castilla,
Castilla la bien nombrada;
a don Alonso a León
y a don García a Vizcaya[2];
a mí, porque soy mujer,
dejáisme desheredada.
Irme yo por esas tierras
como una mujer errada,
y este mi cuerpo daría
a quien se me antojara:
a los moros por dineros
y a los cristianos de gracia.
De lo que ganar pudiere
haré bien por la vuestra alma[3].
Allá preguntara el rey:
—¿Quién es esa que así habla?
Respondiera el arzobispo:
—Vuestra hija, doña Urraca;
—Calledes, hija, calledes,
no digades tal palabra,

[1] Como en el caso de doña Jimena, doña Urraca se queja del trato que ha recibido de su padre, el rey Fernando I, quien a su muerte repartió el reino entre sus hijos, dejándola fuera a ella. Las palabras de doña Urraca son prueba de indignación femenina, planteada con gran valentía. Su discriminación la convertirá en una de las mujeres más populares de la historia de Castilla y León.

[2] Don García recibió Galicia, no Vizcaya.

[3] Resulta paradójico que lo que doña Urraca gane de forma pecaminosa piense emplearlo en salvar el alma de su padre.

que mujer que tal decía
merecía ser quemada.
Allá en Castilla la Vieja,
un rincón se me olvidaba;
Zamora había por nombre,
Zamora la bien cercada:
de una parte la cerca el Duero[4],
de otra peña tajada:
del otro la morería,
¡una cosa muy preciada!
Quien vos la tomare, hija,
la mi maldición le caiga.
Todos dicen: «¡Amén amén!»[5],
sino don Sancho que calla[6].
El buen rey era muerto,
Zamora ya está cercada[7]:
de un cabo la cerca el rey,
del otro el Cid la cercaba;
del cabo que el rey la cerca
Zamora no se da nada[8];
del cabo que el Cid la cerca
Zamora ya se tomaba.
Asomóse Doña Urraca
asomóse a una ventana;
de allá de una torre mocha
estas palabras hablaba.

Morería: Barrio de los moros.

Cabo: Extremo.

Mocha: Sin cubierta.

[4] Verso hipermétrico, salvo que al cantar la *-a* de «una» fuera prácticamente muda. El verso siguiente, en cambio, precisa ser recitado sin sinalefa entre «de» y «otra» para que no resulte hipométrico.

[5] El verso es hipermétrico, pero es probable que, cantado, la pronunciación de *amén* fuera *ámen* (que es como de hecho se pronuncia en latín), con lo cual el verso resultaría métricamente regular.

[6] Se trata del futuro rey Sancho II, que recibe en herencia el reino de Castilla. A su servicio queda el Cid por ser caballero castellano. Su silencio es ya presagio del cerco que prepara contra Zamora.

[7] *El buen rey era muerto...* Quiere decir que Sancho II cercó a Zamora *tan pronto como* murió su padre.

[8] *No dársele a uno nada* de algo significa «no importarle nada». Quiere decir que a Zamora no le preocupaba el lado o flanco *(cabo)* por donde atacaba el rey.

20
ROMANCE DE LA MUERTE DEL REY DON SANCHO[9]

—¡Rey don Sancho, rey don Sancho!
¡No digas que no te aviso[10],
que de dentro de Zamora
un alevoso ha salido!
Llámase Vellido Dolfos,
hijo de Dolfos Vellido;
cuatro traiciones ha hecho
y con esta serán cinco.
Si gran traidor fue el padre
mayor traidor es el hijo.
Gritos dan en el real:
—¡A don Sancho han malherido!
Muerto le ha Vellido Dolfos,
gran traición ha cometido.
Desque le tuvieron muerto
metióse por un postigo;
por las calles de Zamora
va dando voces y gritos:
—¡Tiempo era, Doña Urraca,
de cumplir lo prometido![11]

Alevoso: Traidor.

Real: Lugar en el que está la tienda del rey.

Muerto le ha: Lo ha matado.

Desque: Después de que.

Postigo: Puerta falsa.

21
ROMANCE DEL RETO A LOS ZAMORANOS

Ya cabalga Diego Ordóñez[12],
del real se había salido

[9] El suceso histórico del rey don Sancho durante el cerco de Zamora se transforma en una visión legendaria en la que se aprecian extrañas dependencias eróticas entre Vellido Dolfos y doña Urraca.

[10] El desconocido que se dirige al rey da un aire de misterio al comienzo del romance.

[11] No se sabe qué era lo prometido; puede tratarse de una compensación amorosa.

[12] Diego Ordóñez estaba al servicio de los zamoranos.

de dobles piezas armado
y de un caballo morcillo.
Va a retar los zamoranos
por la muerte de su primo,
que mató Vellido Dolfos
hijo de Dolfos Vellido:
—¡Yo os reto, los zamoranos,
por traidores fementidos!
Reto a todos los muertos
y con ellos a los vivos;
reto hombres y mujeres,
los por nacer y nacidos;
reto a todos los grandes,
a los grandes y a los chicos,
a las carnes y pescados
y las aguas de los ríos[13].
Allí habló Arias Gonzalo[14],
bien oiréis lo que hubo dicho:
—¿Qué culpa tienen los viejos?
¿Qué culpa tienen los niños?
¿Qué merecen las mujeres
y los que no son nacidos?
¿Por qué retas a los muertos
los ganados y los ríos?
Bien sabéis vos, Diego Ordóñez,
muy bien lo tenéis sabido
que aquel que reta concejo
debe de lidiar con cinco.
Ordóñez le respondió:
—¡Traidores heis todos sido!

Morcillo: Negro, con brillo rojo.

Fementidos: Falsos.

Concejo: Ayuntamiento.

Heis: Habéis.

[13] El tono hiperbólico del desafío quita credibilidad a sus palabras.

[14] Resulta curiosa la intervención de Arias Gonzalo, el ayo encargado de la educación de doña Urraca, que se pone al lado de los zamoranos. También le chocaría a don Quijote esta excesiva fórmula de reto: «Bien es verdad que el señor don Diego anduvo algo demasiado, y aun pasó muy adelante de los límites del reto, porque no tenía para qué retar a los muertos, a las aguas, ni a los panes, ni a los que estaban por nacer, ni a las otras menudencias que allí se declaran» (*Quijote,* II,27).

II. ROMANCES NOTICIEROS[1]

22
ROMANCE DEL REY DON PEDRO EL CRUEL[2]

Por los campos de Jerez
a cazar va el rey don Pedro[3];
en llegando a una laguna,
allí quiso ver un vuelo.
Vido volar una garza,
disparóle un sacre nuevo,
remontárale un neblí,
a sus pies cayera muerto.
A sus pies cayó el neblí,
túvolo por mal agüero.
Tanto volaba la garza,
parece llegar al cielo.
Por donde la garza sube
vio bajar un bulto negro;
mientras más se acerca el bulto,
más temor le va poniendo;
con el abajarse tanto,
parece llegar al suelo
delante de su caballo,

Vuelo: Vuelo de ave de caza.

Vido: Vio.

Sacre: Halcón.

Remontárale un neblí: Un neblí (ave de rapiña de vuelo muy rápido) ahuyentó o espantó al sacre.

Agüero: Presagio, pronóstico.

---

[1] Los romances *noticieros* reflejan acontecimientos históricos del momento, en torno al siglo XIV. El afianzamiento político de Castilla y el cristianismo explican la versión poética de los sucesos más llamativos.

[2] Este romance presenta la particularidad de elementos fantásticos, característica poco frecuente en los romances. Recuerda el romance de «El sueño de don Rodrigo» (nº 3), pero en estos versos lo fantástico se hace misterioso con la presencia del pastorcico. El suceso está narrado en la *Crónica* de don Pero López de Ayala.

[3] Pedro I el Cruel se casó con doña Blanca de Borbón en 1353 en Valladolid. Pero la abandonó y mandó encarcelar en Medina Sidonia, una población gaditana. Sería asesinada después. Tuvo como amante a doña María de Padilla, de quien nació un hijo, Alonso, a quien pretendió hacer heredero legítimo.

a cinco pasos de trecho.
De él salió un pastorcico[4],
sale llorando y gimiendo,
la cabeza desgreñada,
revuelto trae el cabello

Abrojos: Plantas de fuertes púas.

con los pies llenos de abrojos
y el cuerpo lleno de vello;
en su mano una culebra,
y en la otra un puñal sangriento[5],
en el hombro una mortaja,
una calavera al cuello[6];

Traílla: Cuerda o correa para atar.

a su lado, de traílla,
traía un perro negro:
los aullidos que daba[7]
a todos ponían gran miedo;
y a grandes voces decía:
—Morirás, el rey don Pedro,
que mataste sin justicia
los mejores de tu reino:
mataste tu propio hermano,
el Maestre, sin consejo,
y desterraste a tu madre[8],
a Dios darás cuenta de ello.
Tienes presa a doña Blanca,
enojaste a Dios por ello,
que si tornas a quererla
darte ha Dios un heredero,
y si no, por cierto sepas

Desmán: Desgracia.

te vendrá desmán por ello:

[4] El fracaso en la caza, anuncio de desgracias, se funde con la llegada del pastorcico, de condición sobrenatural.

[5] La culebra significa astucia y prudencia, así como el puñal es anticipo de muerte violenta, probablemente la que don Pedro el Cruel va a sufrir a manos de su hermano bastardo, Enrique de Trastámara, el cual se convertiría así en Enrique II de Castilla.

[6] La simbología de muerte se completa con esta calavera, motivo plástico muy frecuente en la iconografía religiosa.

[7] La relación de objetos inertes queda superada por la presencia viva de este perro negro. Los aullidos de los perros han significado tradicionalmente presagios de muerte.

[8] Su madre era la reina doña María, viuda de Alfonso XI.

serán malas las tus hijas[9]
por tu culpa y mal gobierno,
y tu hermano don Enrique[10]
te habrá de heredar el reino;
morirás a puñaladas,
tu casa será el infierno[11].
Todo esto recontado,
desapareció el bulto negro.

23
ROMANCE DE LA MUERTE DE LA REINA BLANCA[12]

—Doña María de Padilla[13],
no os me mostréis triste vos
que si me casé dos veces[14]
hícelo por vuestra pro
y por hacer menosprecio
a doña Blanca de Borbón[15].
A Medina Sidonia envío[16]
a que me labre un pendón,
será el color de su sangre,
de lágrimas la labor[17];
tal pendón, doña María,

Pro: Provecho.

Labre: Borde.

Pendón: Estandarte, bandera.

---

[9] Nacidas de la relación con doña María de Padilla, sus hijas fueron Beatriz, Constanza e Isabel.

[10] Don Enrique, su hermano, lo asesinaría en los campos de Montiel.

[11] *Tu casa* alude a la casa última, la morada eterna. Los dos versos finales, el segundo de los cuales es hipermétrico, no figuran en algunas versiones.

[12] Según la tradición popular, la reina doña Blanca murió en 1361 en Medina Sidonia (Cádiz), donde su esposo, el rey, la había mandado encarcelar.

[13] Aunque el rey se dirige a doña María de Padilla como causante de la muerte de doña Blanca, en realidad doña María de Padilla había muerto antes.

[14] El segundo matrimonio, celebrado en secreto, había pretendido legitimar su situación.

[15] Verso hipermétrico.

[16] El verso, hipermétrico también, alude a ese trágico destino al que, con frialdad, envía el rey a doña Blanca.

[17] La crueldad del rey se manifiesta de forma tristemente expresiva en la referencia a ese pendón, que será bordado con sangre (muerte) y lágrimas, por el dolor de la experiencia que va a vivir.

le haré hacer por vos.
Y llamara a Íñigo Ortiz,
un excelente varón;
díjole fuese a Medina
a dar fin a tal labor.
Respondiera Íñigo Ortiz:
—Aqueso no haré yo,
que quien mata a su señora
hace aleve a su señor.
El rey de aquesto enojado
en su cámara se entró
y a un ballestero de maza
el rey entregar mandó.
Aqueste vino a la reina
y hallóla en oración.
Cuando vido al ballestero,
la su triste muerte vio;
aquel le dijo: —Señora,
el rey acá me envió
a que ordenéis vuestra alma[18]
con aquel que la crió,
que vuestra hora es llegada,
no puedo alargarla yo[19].
—Amigo —dijo la reina—,
mi muerte os perdono yo,
si el rey mi señor lo manda
hágase lo que ordenó,
confesión no se me niegue,
sino pido a Dios perdón.
Sus lágrimas y gemidos
al macero enterneció;
con la voz flaca temblando
esto a decir comenzó:
—¡Oh Francia, mi noble tierra!

Aqueso: Eso.

Aleve: Traidor.

Cámara: Habitación reservada.

Ballestero de maza: Portero de palacio.

Aqueste: Aquél (el ballestero).

Sino: Más bien.

Macero: Que lleva una maza.

[18] La ejecución se humaniza, dentro de su dramatismo, con el ruego del caballero de que la reina rece por su salvación.

[19] La actitud femenina mitifica su grandeza humana.

¡Oh mi sangre de Borbón!
Hoy cumplo diecisiete años,
en los dieciocho voy[20].
El rey no me ha conocido,
con las vírgenes me voy.
Castilla, ¡di qué te hice!
No te hice traïción;
las coronas que me diste
de sangre y suspiros son.
mas otra tendré en el cielo:
será de más valor[21].
Y dichas estas palabras
el macero la hirió,
los sesos de su cabeza
por la sala les sembró[22].

No me ha conocido: No ha tenido contacto sexual conmigo.

24
ROMANCE DEL REY DON JUAN DE NAVARRA[23]

Los aires andan contrarios,
el sol eclipse hacía,
la luna perdió su lumbre,
el norte no parecía[24],
cuando el triste rey don Juan
en la su cama yacía,
cercado de pensamientos,
que valer no se podía.

Lumbre: Brillo, luz.

Parecía: Se veía.

---

[20] No es cierta la edad que confiesa: se había casado con dieciséis años y tiene ahora veinticinco.

[21] En su dramática llamada a Castilla, lamenta las dos tristes coronas que ha recibido: la corona real, que no ha disfrutado, y la de mártir, que tendrá que recibir en el cielo. Este último verso es hipométrico.

[22] El empleo de la forma «les» es un claro ejemplo de leísmo.

[23] Es evidente el parecido del comienzo de este romance con el romance de «El sueño de don Rodrigo» (nº 3). Esto hace pensar que uno es fuente del otro. El protagonista es el rey Juan d'Albret, que perdió Navarra en la guerra contra Fernando el Católico (1513-1515).

[24] Se ha perdido el norte natural para el rey, que ve próxima su muerte.

—¡Recuerda, buen rey, recuerda,
llorarás tu mancebía!
¡Cierto no debe dormir
el que sin dicha nacía!
—¿Quién eres tú, la doncella?
Dímelo por cortesía.
—A mí me llaman Fortuna[25],
que busco tu compañía.
—¡Fortuna, cuánto me sigues,
por la gran desdicha mía,
apartado de los míos,
de los que yo más quería!
¿Qué es de ti, mi nuevo amor,
qué es de ti, triste hija mía?
Que en verdad hija tú tienes,
Estella por nombradía.
¿Qué es de ti, Olite y Tafalla[26]?
¿Qué es de mi genealogía?
¡Y ese castillo de Maya
que el duque me lo tenía[27]!
Pero si el rey no me ayuda[28],
la vida me costaría.

Mancebía: Juventud.

Nombradía: Fama, reputación.

[25] Como en el romance de «El sueño de don Rodrigo», la Fortuna (diosa mitológica que rige el destino de los hombres) se presenta ante él anunciando la llegada de la muerte.

[26] Estella, Olite y Tafalla son poblaciones navarras que el rey ha perdido y a las que se dirige en actitud de tristeza, reflejada en forma de prosopopeya.

[27] El duque al que se alude es el duque de Alba, lo cual hace pensar que *«ese castillo de Maya»* estuviera en La Maya, pueblo próximo a Alba de Tormes.

[28] El rey Luis XII de Francia.

III. ROMANCES FRONTERIZOS[1]

25
ROMANCE DE SAYAVEDRA[2]

Río Verde, río Verde,
más negro vas que la tinta:
Entre ti y Sierra Bermeja
murió gran caballería.
Mataron a Ordiales[3],
Sayavedra huyendo iba;
con el temor de los moros
entre un jaral se metía.
Tres días ha, con sus noches,
que bocado no comía;
aquejábale la sed
y la hambre que tenía.
Por buscar algún remedio
al camino se salía.
Visto lo habían los moros
que andan por la serranía.
Los moros, desque lo vieron,
luego para él se venían.
Unos dicen: «¡Muera, muera!»,
otros dicen: «¡Viva, viva!»
Tómanle entre todos ellos,

Jaral: Campo de jaras (arbustos).

Ha: Hace.

Desque: En cuanto.

[1] La conquista del reino de Granada es un buen momento y un escenario apropiado para situar los ideales caballerescos de la nobleza en el siglo XV. En muchos romances se idealizan las gestas y muchos personajes del mundo árabe.

[2] Don Juan de Sayavedra, caballero sevillano del siglo XV, estuvo prisionero entre los moros durante dos años, pero el final del romance no se corresponde con la realidad histórica, pues murió ya en libertad.

[3] El río Verde pasa cerca de Marbella (Málaga). También está en Málaga la Sierra Bermeja. Ordiales fue un caballero que murió en la emboscada de 1448, en la cual fue preso don Juan de Sayavedra.

bien acompañado iba.
Allá le van a presentar[4]
al rey de la morería.

Vido: Vio.

Desque el rey moro lo vido,
bien oiréis lo que decía:
—¿Quién es ese caballero
que ha escapado con la vida?
—Sayavedra es, señor,
Sayavedra el de Sevilla;
el que mataba tus moros
y tu gente destruía,

Cabalgadas: Servicio para conseguir presas y despojos.

Manida: Refugio.

el que hacía cabalgadas
y se encerraba en su manida[5].
Allí hablara el rey moro,
bien oiréis lo que decía:
—Dígasme tú, Sayavedra,

Sí: Que, así.

sí Alá te alargue la vida,
si en tu tierra me tuvieses,
¿qué honra tú me harías?
Allí habló Sayavedra,
de esta suerte le decía:
—Yo te lo diré, señor,
nada no te mentiría[6]:
si cristiano te tornases,
grande honra te haría,
y si así no lo hicieses,
muy bien te castigaría,
la cabeza de los hombros
luego te la cortaría.
—Calles, calles, Sayavedra,
cese tu melancolía;
tórnate moro si quieres
y verás qué te daría:

Darte he: Te daré.

darte he villas y castillos
y joyas de gran valía.

---

[4] Es un verso hipermétrico.

[5] El verso, sin la conjunción *y*, hubiera tenido la medida normal.

[6] La sinceridad de la confesión de Sayavedra demuestra la nobleza de su condición.

Gran pesar ha Sayavedra
de esto que oír decía[7].
Con una voz rigurosa,
de esta suerte respondía:
—Muera, muera Sayavedra,
la fe no renegaría,
que mientras vida tuviere
la fe yo defendería.
Allí hablara el rey moro
y de esta suerte decía:
—Prendedlo, mis caballeros,
y de él me haced justicia.
Echó mano a su espada,
de todos se defendía;
mas como era uno solo,
allí hizo fin su vida.

Rigurosa: Grave.

26
ROMANCE DEL ASALTO DE BAEZA[8]

—Moricos, los mis moricos,
los que ganáis mi soldada,
derribédesme a Baeza,
esa ciudad torreada,
y los viejos y las viejas
metedlos todos a espada,
y los mozos y las mozas
traedlos en cabalgada,
y la hija de Pero Díaz
para ser mi enamorada,
y a su hermana Leonor,
de quien sea acompañada.
Id vos, capitán Vanegas[9],

Soldada: Salario.

Derribédesme: Derribadme.

Torreada: Protegida por torres.

[7] Las ediciones modernas corrigen esta expresión por «decir oía», que es más correcto.

[8] Es un ejemplo exacto de *romance-escena*.

[9] El capitán Vanegas fue raptado por los moros y luchó de su parte contra Castilla. Después se pasaría al ejército de Juan II.

porque venga más honrada,
porque, enviándoos a vos,
no recelo en la tornada
que recibiréis afrenta
ni cosa desaguisada.

Recelo: Temo.
Tornada: Regreso.
Desaguisada: Injusta.

27
ROMANCE DE ABENÁMAR[10]

—¡Abenámar, Abenámar[11],
moro de la morería,
el día que tú naciste
grandes señales había!
Estaba la mar en calma,
la luna estaba crecida[12],
moro que en tal signo nace
no debe decir mentira.
Allí respondiera el moro,
bien oiréis lo que decía:
—Yo te la diré, señor,
aunque me cueste la vida,
porque soy hijo de un moro
y una cristiana cautiva.
Siendo yo niño y muchacho
mi madre me lo decía
que mentira no dijese,
que era grande villanía;
por tanto pregunta, rey,
que la verdad te diría.
—Yo te agradezco, Abenámar,
aquesa tu cortesía.
¿Qué castillos son aquellos?

Villanía: Acción ruin.

[10] Abenámar es considerado un personaje histórico. El encuentro narrado pudo tener lugar en 1431. Abenámar es uno de los personajes más egregios evocados en el *Romancero*.

[11] Se trata de una muestra perfecta de *romance-escena*. El diálogo, que parte de una situación personal, termina presentando como interlocutora a la ciudad de Granada.

[12] Las señales que anuncian su nacimiento son de origen folclórico.

¡Altos son y relucían[13]!
—El Alhambra era, señor,
y la otra la Mezquita,
los otros los Alijares[14],
labrados a maravilla.
El moro que los labraba
cien doblas ganaba al día,
y el día que no los labra,
otras tantas se perdía.
El otro es Generalife,
huerta que par no tenía;
el otro, Torres Bermejas,
castillo de gran valía.
Allí habló el rey don Juan,
bien oiréis lo que decía[15]:
—Si tú quisieses, Granada,
contigo me casaría
daréte en arras y dote
a Córdoba y a Sevilla.
—Casada soy, rey don Juan,
casada soy, que no viuda;
el moro que a mí me tiene
muy grande bien me quería.

Labrados: Tallados.

Dobla: Moneda de oro.

Arras: Donación del esposo a la esposa.

28
ROMANCE DE LA CONQUISTA DE ÁLORA[16]

Álora la bien cercada,
tú que estás en par del río,

---

[13] La alternancia verbal (presente *son* y pasado *relucían)* se considera un gran acierto estilístico: muestra la distinta perspectiva del interlocutor y del narrador.

[14] La Alhambra, la Mezquita, el palacio de los Alijares y los jardines del Generalife son edificios egregios de la cultura musulmana.

[15] El tono de personificación con el que, de forma apasionada, se dirige el caballero cristiano a Granada constituye un final de gran belleza por el cambio de interlocutor.

[16] Es llamativa, como en el «Romance de Abenámar», la forma de personificación con la que el poeta se dirige a la ciudad, a la que da condición de esposa fiel. Álora es una ciudad de la provincia de Málaga, al lado *(en par de)* del río Guadalhorce.

Adelantado: Delegado del rey.
Peones: Soldados de a pie.
Guarnecido: Provisto.
Portillo: Abertura en la muralla.
Viérades: ¡Si vierais...!

cercóte el adelantado[17]
una mañana en domingo,
de peones y hombres de armas
el campo bien guarnecido;
con la gran artillería
hecho te había un portillo.
Viérades moros y moras
todos huir al castillo:
las moras llevan la ropa,
los moros harina y trigo,
y las moras de quince años
llevaban el oro fino
y los moricos pequeños
llevan la pasa y el higo.
Por cima de la muralla
su pendón llevan tendido;
entre almena y almena
quedado se había un morico
con una ballesta armada
y en ella puesto un cuadrillo.
En altas voces decía,
que la gente lo había oído:
—¡Tregua, tregua, adelantado,
por tuyo se da el castillo!

Alza la visera arriba
por ver el que tal le dijo[18];
asestárale a la frente,
salido le ha al colodrillo.
Sacólo Pablo de rienda,
y de mano Jacobillo[19],
estos dos que había criado
en su casa desde chicos;
lleváronle a los maestros
por ver si será guarido.

Pendón: Estandarte.
Ballesta: Arma para disparar flechas.
Cuadrillo: Saeta o flecha de madera.
Colodrillo: Cogote, parte posterior de la cabeza.
De rienda: Con la izquierda.
Maestros: Médicos.
Guarido: Curado.

---

[17] El romance recuerda un suceso histórico, la muerte de don Diego Gómez de Ribera en el cerco de la ciudad, en 1434.

[18] Para ver mejor.

[19] Pablo y Jacobillo son sus criados.

A las primeras palabras
el testamento les dijo[20].

29
ROMANCE DE LA PÉRDIDA DE ALHAMA[21]

Paseábase el rey moro
por la ciudad de Granada
desde la puerta de Elvira
hasta la de Vivarrambla[22].
¡Ay de mi Alhama!
Cartas le fueron venidas
que Alhama era ganada.
Las cartas echó en el fuego,
y al mensajero matara[23].
¡Ay de mi Alhama!
Descabalga de una mula[24]
y en un caballo cabalga;
por el Zacatín arriba[25]
subido se había al Alhambra.
¡Ay de mi Alhama!
Como en el Alhambra estuvo,
al mismo punto mandaba
que se toquen sus trompetas,
sus añafiles de plata.
¡Ay de mi Alhama!

Añafiles: Trompetas rectas.

[20] Por la inminente llegada de la muerte.

[21] La visión de la ciudad de Alhama (Granada) se presenta subjetivizada desde la impresión del moro Muley Abul Hasán, padre de Boabdil, que fue el último rey moro de Granada. La repetición sistemática del verso «*¡Ay de mi Alhama!*» intensifica el sentimiento de tristeza. Puede ser un estribillo surgido de la adaptación del romance al canto. La conquista de Alhama por los cristianos tuvo lugar en 1482.

[22] En algunas versiones no aparecen estas dos famosas puertas de la ciudad.

[23] Ya se ha señalado cómo era frecuente matar al mensajero cuando era portador de malas noticias. No obstante, abundan situaciones en las que los caballeros castellanos lo respetan, dando así prueba de su nobleza.

[24] La mula era animal de paseo que el rey deja para tomar un caballo, de más categoría.

[25] Sube por el Zacatín, topónimo urbano que significa plaza o calle donde se vendían ropas.

Y que las cajas de guerra
aprisa toquen el arma,
porque lo oigan sus moros,
los de la vega y Granada.
¡Ay de mi Alhama!
Los moros, que el son oyeron
que al sangriento Marte llama,
uno a uno y dos a dos[26]
juntado se ha gran batalla.
¡Ay de mi Alhama!
Allí habló un moro viejo,
de esta manera hablara:
—¿Para qué nos llamas, rey?
¿Para qué es esta llamada?
¡Ay de mi Alhama!
—Habéis de saber, amigos,
una nueva desdichada:
que cristianos de braveza
ya nos han ganado Alhama.
¡Ay de mi Alhama!
Allí habló un alfaquí,
de barba crecida y cana:
—¡Bien se te emplea, buen rey,
buen rey, bien se te empleara!
¡Ay de mi Alhama!
Mataste los Bencerrajes[27],
que eran la flor de Granada,
cogiste los tornadizos
de Córdoba la nombrada.
¡Ay de mi Alhama!
Por eso mereces, rey,
una pena muy doblada:
que te pierdas tú y el reino,
y aquí se pierda Granada.
¡Ay de mi Alhama!

Cajas de guerra: Tambores.

Marte: Dios de la guerra.

Batalla: Ejército.

Nueva: Noticia.

Alfaquí: Doctor de la ley.

Tornadizos: Traidores.

[26] La expresión indica que no vinieron todo juntos.

[27] Los Bencerrajes, o Abencerrajes eran una noble familia de Granada. El rey moro los había mandado matar en medio de las luchas internas por el poder.

IV. ROMANCES CAROLINGIOS[1]

30
ROMANCE DE DOÑA ALDA[2]

En París está doña Alda[3],
la esposa de don Roldán,
trescientas damas con ella
para la acompañar:
todas visten un vestido,
todas calzan un calzar,
todas comen a una mesa,
todas comían de un pan,
si no era doña Alda
que era la mayoral;
las ciento hilaban oro,
las ciento tejen cendal,
las ciento tañen instrumentos
para doña Alda holgar.
Al son de los instrumentos
doña Alda dormido se ha,
ensoñado había un sueño,
un sueño de gran pesar.
Recordó despavorida
y con un pavor muy grande,
los gritos daba tan grandes
que se oían en la ciudad.

Esposa: Prometida.

Un vestido: Idéntico vestido.

De un pan: Una misma comida.

Mayoral: Persona principal.

Cendal: Tela de seda.

Holgar: Alegrar.

Recordó: Despertó.

---

[1] Forman un bloque de romances muy relacionados con la épica francesa. Carlomagno (rey de los francos y emperador de los romanos en los siglos VIII-IX y núcleo originario del ciclo épico carolingio) es el personaje principal. Pero otros caballeros son protagonistas de composiciones de gran belleza.

[2] El romance deriva del poema de Roncesvalles, que es una refundición de un pasaje del cantar de gesta francés *La canción de Roldán*.

[3] Doña Alda es el nombre español de Aude, la prometida de Roldán.

Allí hablaron sus doncellas,
bien oiréis lo que dirán:
—¿Qué es aquesto, mi señora?
¿quién es el que os hizo mal?
—Un sueño soñé, doncellas,
que me ha dado gran pesar:
que me veía en un monte
en un desierto lugar[4];
de so los montes muy altos
un azor vide volar;
tras de él viene una aguililla[5]
que lo ahínca muy mal.
El azor, con grande cuita,
metióse so mi brial,
el aguililla, con grande ira,
de allí lo iba a sacar;
con las uñas lo despluma,
con el pico lo deshace[6].
Allí habló su camarera,
bien oiréis la que dirá:
—Aquese sueño, señora,
bien os lo entiendo soltar:
el azor es vuestro esposo
que viene de allén la mar,
el águila sodes vos,
con la cual ha de casar,
y aquel monte es la iglesia
donde os han de velar.
—Si así es, mi camarera,
bien te lo entiendo pagar.
Otro día de mañana

So: Bajo.
Azor: Ave rapaz.
Vide: Vi.
Ahincar: Acosar.
Cuita: Ansia.
Brial: Vestido de telas ricas.
Camarera: Primera dama.
Soltar: Explicar.
Allén: De la parte de allá.
Sodes: Sois.
Velar: Celebrar las ceremonias nupciales.
Bien te lo entiendo pagar: Prometo pagártelo bien.

[4] En este escenario de soledad que representan los montes, la presencia de los pájaros actualiza el simbolismo que las aves tienen en muchos pasajes del *Romancero*. El azor es un ave rapaz, usada en cetrería.

[5] El águila tiene tradicionalmente significado de rebeldía o de tragedia; el segundo significado es el que se observa aquí, anunciando la derrota del ejército y la muerte de Roldán.

[6] En todas las versiones se mantiene esta *-e* paragógica. Parece más idónea para mantener la rima la forma *deshaz*.

cartas de fuera le traen;
tintas venían por dentro,
de fuera escritas con sangre[7],
que su Roldán era muerto
en la caza de Roncesvalles.

31
ROMANCE DE MONTESINOS[8]

—Cata Francia, Montesinos,
cata París la ciudad,
cata las aguas del Duero
do van a dar en la mar[9];
cata palacios del rey,
cata los de don Beltrán[10],
y aquella que ves más alta
y que está en mejor lugar
es la casa de Tomillas[11],
mi enemigo mortal:
por su lengua difamada
me mandó el rey desterrar,
y he pasado a causa de esto
mucha sed, calor y hambre[12],
trayendo los pies descalzos,
las uñas corriendo sangre.
A la triste madre tuya

Cata: Mira.

Do: Donde.

Difamada: Difamadora, calumniosa.

[7] La carta ensangrentada es anuncio de tragedia inminente. Este verso y el último —hipermétrico— suponen la existencia de una *-e* paragógica. *Caza* tiene aquí el significado de persecución de un ejército que, derrotado, solo puede intentar huir.

[8] Los orígenes épicos de este romance hicieron que se divulgara mucho en España. Montesinos fue un personaje de gran popularidad, como se comprueba en la admiración que don Quijote siente por él, al ir a visitar su cueva (*Quijote* II,22-23).

[9] Es imposible la coincidencia geográfica de París y el Duero. La impropiedad se explica porque los topónimos se usaban muchas veces como recurso literario.

[10] Don Beltrán es un personaje que se repite en algún otro romance, lo que indica que se trata de un nombre popular.

[11] Tomillas es denominación de origen caballeresco.

[12] *Hambre* y otras formas como *sangre, cobijarte, padres*... muestran la presencia anterior de la *-e* paragógica en otros versos.

por testigo puedo dar,
que te parió en una fuente
sin tener en qué te echar;
yo, triste, quité mi sayo
para haber de cobijarte.
Ella me dijo llorando
por te ver tan mal pasar:
—Tomes este niño, conde,
y llévesLo a cristianar.
Llamédesle Montesinos,
Montesinos le llamad.
Montesinos que lo oyera
los ojos volvió a su padre;
las rodillas por el suelo
empezóle de rogar
le quisiese dar licencia
que en París quiere pasar
y tomar sueldo del rey,
si se lo quisiese dar,
por vengarse de Tomillas,
su enemigo mortal;
que si sueldo del rey toma
todo se puede vengar.
Ya que despedir se quieren,
a su padre fue a rogar
que a la triste de su madre
él la quiera consolar
y de su parte le diga
que a Tomillas va a buscar.

Sayo: Prenda que llegaba hasta la rodilla.

Cristianar: Bautizar.

Llamédesle: Llamadle.

Tomar sueldo: Ponerse al servicio de alguien.

32
ROMANCE DE ROSAFLORIDA[13]

En Castilla está un castillo
que se llama Roca Frida:

[13] Rosaflorida se enamora de Montesinos siguiendo un tópico frecuente de la literatura, *el amor de oídas*. Romance con cierta irregularidad métrica.

al castillo llaman Roca
y a la fuente llaman Frida[14].
El pie tenía de oro
y almenas de plata fina;
entre almena y almena
está una piedra zafira:
tanto relumbra de noche
como el sol a mediodía.
Dentro estaba una doncella
que llaman Rosaflorida;
siete condes la demandan,
tres duques de Lombardía:
a todos los desdeñaba,
tanta es su lozanía;
enamoróse de Montesinos,
de oídas que no de vista.
Una noche, estando así,
gritos da Rosaflorida;
oyérala un camarero
que en su cámara dormía:
  —¿Qué es aquesto, mi señora?
¿Qué es esto, Rosaflorida?
O tenedes mal de amores
o estáis loca sandía.
  —Ni yo tengo mal de amores
ni estoy loca sandía.
Mas llevásesme estas cartas
a Francia la bien guarnida,
diéselas a Montesinos,
la cosa que más quería;
dile que me venga a ver
para la Pascua florida:
darle he yo este mi cuerpo,
el más lindo que hay en Castilla[15],

Almenas: Elevaciones que coronan las fortalezas.

Zafira: Zafiro (piedra preciosa).

Demandan: Pretenden.

Camarero: Criado.

Cámara: Habitación.

Sandía: Sandia, necia.

Llevásesme: Llevadme

Guarnida: Protegida.

Diéselas: Dádselas.

Pascua florida: Pascua de Resurrección.

[14] Se observa una cierta relación con Fontefrida, aun tratándose de escenarios que nada tienen que ver entre sí.

[15] Este verso, hipermétrico (el último también lo es), refleja la pasión de Rosaflorida, que parece sentir celos de su propia hermana, a la que desea *«que de fuego sea ardida»*.

si no es el de mi hermana,
que de fuego sea ardida.
Y si de mí más quisiere
yo mucho más le daría:
darle he siete castillos
los mejores que hay en Castilla.

33
ROMANCE DE VALDOVINOS[16]

Por los caños de Carmona
por do va el agua a Sevilla[17],
por ahí iba Valdovinos
y con él su linda amiga.
Los pies lleva por el agua
y la mano en la loriga,
con el temor de los moros
no le tuviesen espía.
Júntanse boca con boca,
nadie no los impedía.
Valdovinos, con angustia,
un suspiro dado había.
—¿Por qué suspiráis, señor,
corazón y vida mía?
O tenéis miedo a los moros,
o en Francia tenéis amiga.
—No tengo miedo a los moros,
ni en Francia tengo amiga,
mas vos mora y yo cristiano
hacemos muy mala vida:
comemos la carne en viernes,
lo que mi ley defendía;
siete años había, siete,

Loriga: Armadura de láminas de acero.

Nadie no: Negación reforzada.

Defendía: Prohibía.

[16] El tema procede de una canción francesa, cuyo protagonista, Baudoin, es el origen del nombre de Valdovinos.

[17] Hay que pensar que Valdovinos pasa por el acueducto de Carmona, localidad de la provincia de Sevilla.

que yo misa no la oía;
si el emperador lo sabe
la vida me costaría[18].
—Por tus amores, Valdovinos[19],
cristiana me tornaría.
—Yo, señora, por los vuestros,
moro de la morería.

34
ROMANCE DE NUÑO VERO[20]

—Nuño Vero, Nuño Vero,
buen caballero probado,
hinquedes la lanza en tierra
y arrendedes el caballo.
Preguntaros he por nuevas
de Valdovinos el Franco.
—Aquesas nuevas, señora,
yo os las diré de grado.
Esta noche a medianoche
entramos en cabalgada,
y los muchos a los pocos
lleváronnos de arrancada.
Hirieron a Valdovinos
de una mala lanzada:
la lanza tenía dentro,
de fuera le tiembla el asta.
Su tío el emperador[21]
a penitencia le daba;
o esta noche morirá
o de buena madrugada.

Hinquedes: Hincad.

Arrendedes: Arrendad, sujetad por las riendas.

Nuevas: Noticias.

De grado: Con gusto.

Cabalgada: Servicio para conseguir presas y despojos.

Arrancada: Derrota.

Asta: Mango, mástil.

[18] Valdovinos lamenta su mal comportamiento como cristiano; ni siquiera ha respetado la prohibición de comer carne los viernes.

[19] Verso hipermétrico.

[20] Se basa en las misma fuente que el anterior, pero recoge un motivo nuevo, el del anillo que el emperador reclama a Nuño Vero. Nótese el cambio de rima.

[21] El emperador es Carlomagno, su tío.

Si te pluguiese, Sevilla[22],
fueses tú mi enamorada;
ademédesme, mi señora,
que en ello no perdéis nada.
—Nuño Vero, Nuño Vero,
mal caballero probado,
yo te pregunto por nuevas,
tú respóndesme al contrario,
que aquesta noche pasada
conmigo durmiera el franco:
él me diera una sortija,
yo le di un pendón labrado.

Pluguiese: Agradase.

Ademédesme: Amadme con pasión.

Pendón labrado: Estandarte bordado.

35
ROMANCE DE DON TRISTÁN[23]

Herido está don Tristán[24]
de una mala lanzada;
diérasela el rey su tío,
por celos que de él cataba.
El hierro tiene en el cuerpo,
de fuera le tiembla el asta.
Valo a ver la reina Iseo
por la su desdicha mala.
Júntanse boca con boca,
cuanto una misa rezada[25].
Llora el uno, llora el otro,
la cama bañan en agua.
Allí nace un arboledo
que azucena se llamaba[26],

Cataba: Veía.

Hierro: Lanza.

Asta: Palo de la lanza.

Valo: Lo va.

Arboledo: Conjunto de árboles.

[22] Es el nombre de la reina mora Sebile, su amada, que plantea una situación muy delicada a Nuño Vero.

[23] La leyenda de Tristán e Isolda (o Iseo), de origen céltico, fue muy conocida en la Edad Media. Es una historia de amores trágicos, provocada por un error generado al dar a los amantes un filtro mágico que les unirá para siempre.

[24] Tristán era sobrino del rey Marc de Cornualles. Iseo es la prometida del rey.

[25] El beso dura tanto como una misa.

[26] La azucena se relaciona con la virginidad y con su pérdida, pero tiene otras muchas influencias en las relaciones amorosas.

cualquier mujer que la come
luego se siente preñada;
comiera la reina Iseo,
por la su desdicha mala.

36
ROMANCE DE LANZAROTE Y EL ORGULLOSO[27]

Nunca fuera caballero
de damas tan bien servido
como fuera Lanzarote
cuando de Bretaña vino[28];
que dueñas curaban de él,
doncellas del su rocino.
Esa dueña Quintañona[29],
ésa le escanciaba el vino,
la linda reina Ginebra
se lo acostaba consigo;
y estando al mejor sabor,
que sueño no había dormido,
la reina toda turbada
un pleito ha conmovido:
—Lanzarote, Lanzarote,
si antes hubieras venido,
no hablara el orgulloso
las palabras que había dicho,
que a pesar de vos, señor,

Dueñas: Señoras casadas.
Curaban: Cuidaban.
Rocino: Caballo.
Escanciar: Servir.
Al mejor sabor: En el mejor momento.

[27] Cervantes cita varias veces (por ejemplo en el *Quijote,* I,2 y 13; II, 23 y 31) los versos de este romance. Lanzarote, que es para don Quijote el modelo perfecto de caballero y amante, fue uno de los caballeros de la legendaria corte del rey Arturo, y los caballeros de la Mesa Redonda. Lanzarote protagoniza la célebre aventura amorosa con la reina Ginebra, esposa del rey Arturo. Estos y otros episodios dieron lugar a lo que se llamó la «Materia de Bretaña», muy difundida en la literatura medieval.

[28] *Lanzarote* tuvo que liberar a la reina Ginebra, que había sido raptada por un misterioso caballero. *Bretaña* es una región francesa, de múltiples referencias legendarias.

[29] El nombre de Quintañona tiene varias significaciones, relacionadas con la condición de mujer casada y de mujer anciana. Su popularidad hizo que se convirtiera en figura proverbial que utilizaron otros escritores.

se acostaría conmigo.
Ya se arma Lanzarote
de gran pesar conmovido,
despídese de su amiga,
pregunta por el camino.
Topó con el orgulloso
debajo de un verde pino,
combátense de las lanzas,
a las hachas han venido.
Ya desmaya el orgulloso,
ya cae en tierra tendido.
Cortárale la cabeza,
sin hacer ningún partido;
vuélvese para su amiga
donde fue bien recibido.

Topó con: Se encontró con.

38
ROMANCE DE DURANDARTE[30]

Muerto queda Durandarte
al pie de una gran montaña[31],
un canto por cabecera
debajo una verde haya;
todas las aves del monte
alrededor le acompañan;
llorábale Montesinos
que a su muerte se hallara,
hecha le tiene la huesa
en una peñosa cava;
quitándole estaba el yelmo,

Canto: Piedra.

Huesa: Fosa para enterrar un cadáver.

Peñosa cava: Cueva excavada en la roca.

Yelmo: Parte de la armadura que cubría la cabeza.

[30] Durandarte simboliza el amor no correspondido. Belerma se presenta a veces en relación amorosa con Gaiferos. Todos ellos son figuras legendarias de romances carolingios y también los encontrará don Quijote en la cueva de Montesinos.

[31] Durandarte (nombre también de la espada de Carlomagno) muere en la batalla de Roncesvalles. Antes de morir, encarga a su primo Montesinos que lleve su corazón a su amada Belerma. Como en otros romances, también aquí la montaña es un escenario de drama y de muerte.

desciñéndole la espada,
Desarmábale: Le quitaba la armadura.
desarmábale los pechos,
el corazón le sacaba,
para enviarlo a Belerma
como él se lo rogara,
Desque: Después de que.
y desque le hubo sacado
su rostro al suyo juntaba,
Agriamente: Amargamente.
tan agriamente llorando
mil veces se desmayaba,
y desque volvió en sí
estas palabras hablaba:
—Durandarte, Durandarte,
Dios perdone la tu alma,
y a mí saque de este mundo
para que contigo vaya.

39
PRIMER ROMANCE DE GAIFEROS. LA INFANCIA[32]

Estábase la condesa
Estrado: Tarima.
en su estrado asentada,
tijericas de oro en mano,
Afeitando: Cortando el cabello, adornando.
su hijo afeitando estaba;
palabras le está diciendo,
palabras de gran pesar,
las palabras eran tales
que al niño hacen llorar:
—Dios te dé barbas en rostro
Barragán: Valiente.
y te haga barragán;
déte Dios ventura en armas,
como al paladín Roldán[33]
porque vengases, mi hijo,

[32] El romance refleja la leyenda universal de los amores prohibidos. Gaiferos está predestinado a ser el vengador de su madre.

[33] Alude a Roldán, legendario sobrino de Carlomagno y protagonista del cantar de gesta francés *La canción de Roldán*.

la muerte de vuestro padre[34]:
matáronlo a traición
por casar con vuestra madre[35];
ricas bodas me hicieron,
en las cuales Dios no ha parte;
ricos paños me cortaron,
la reina no los ha tales.
Maguera pequeño el niño
bien entendido lo ha.
Allí respondió Gaiferos[36],
bien oiréis lo que dirá:
—Así ruego al Dios del cielo
y a Santa María su madre.
Oído lo había el conde
en los palacios do está:
—Calles, calles, la condesa,
boca mala sin verdad,
que yo no matara al conde
ni lo hiciera matar,
mas tus palabras, condesa,
el niño las pagará.
Mandó llamar escuderos,
criados son de su padre,
para que lleven al niño,
que lo lleven a matar.
La muerte que él les dijera,
mancilla es de escuchar:
—Córtenle el pie del estribo,
la mano del gavilán[37],
sáquenle ambos los ojos
por más seguro andar,
y el dedo y el corazón[38]

Ha: Tiene.

Paños me cortaron: Me hicieron vestidos.

Tales: Semejantes.

Maguera: Aunque.

Mancilla: Lástima.

Gavilán: Hierros de la guarnición de la espada.

---

[34] *Padre, madre, parte*, son formas que indican que existió una *-e* paragógica.

[35] *Por* es un nexo que puede significar finalidad o causalidad.

[36] Gaiferos era Waltarius, protagonista de un poema alemán.

[37] La amputación del pie izquierdo y de la mano derecha supondría la pérdida de partes del cuerpo esenciales para el caballero.

[38] Si se cumple esta amenaza, sería innecesaria la mutilación del pie y de la mano.

traédmelos por señal.
Ya lo llevan a Gaiferos,
ya lo llevan a matar;
hablaban los escuderos
con mancilla que de él han:
—¡Oh, válgame Dios del cielo
y Santa María su madre!
Si a este niño matamos,
¿qué galardón nos darán?

Aquesto: Esto.

Ellos en aquesto estando,
no sabiendo qué harán,
vieron venir a una perrita
de la condesa su madre.
Allí habló el uno de ellos,
bien oiréis lo que dirá:
—Matemos esta perrita
por nuestra seguridad,
saquémosle el corazón
y llevémosle a Galván[39];
cortémosle el dedo chico
por llevar mejor señal.
Ya tomaban a Gaiferos
para el dedo le cortar:
—Venid acá vos, Gaiferos,
y queredlos escuchar:

Íos: Idos, marchaos.
Parezcáis: Aparezcáis.

Vos íos de aquesta tierra
y en ella no parezcáis más.
Ya le daban entre señas
el camino que hará:

Iros heis: Os iréis.
Do: Donde.

—Iros heis de tierra en tierra
a do vuestro tío está.
Gaiferos, desconsolado,
por ese mundo se va;
los escuderos volvieron
para do estaba Galván,
danle el dedo y corazón

[39] El nombre de Galván pertenece a la tradición carolingia.

y dicen que muerto lo han.
La condesa que esto oyera
empezara a gritos dar;
lloraba de los sus ojos
que quería reventar.
Dejemos a la condesa,
que muy grande llanto hace,
y digamos de Gaiferos
del camino por do va,
que de día ni de noche
no hace sino caminar
hasta que llegó a la tierra
a donde su tío está.
Dícele de esta manera,
y empezóle de hablar:
—Manténgaos Dios, el mi tío.
—Mi sobrino, bien vengáis.
¿Qué buena venida es esta?
Vos me la queráis contar.
—La venida que yo vengo
triste es y con pesar,
que Galván con grande enojo
mandado me había matar;
mas lo que os ruego, mi tío,
y lo que os vengo a rogar:
Vamos a vengar la muerte
de vuestro hermano, mi padre;
matáronlo a traición
por casar con la mi madre.
—Sosegaos, el mi sobrino,
vos queráis asosegar,
que la muerte de mi hermano
bien la iremos a vengar.
Y ellos así estuvieron
dos años y aun más[40]
hasta que dijo Gaiferos
y empezara de hablar.

Asosegar: Sosegar (prótesis).

[40] Dejan pasar los años para que el niño crezca y pueda participar en la venganza.

40
SEGUNDO ROMANCE DE GAIFEROS
LA VENGANZA[41]

—Vámonos —dijo—, mi tío,
a París, esa ciudad
en figura de romeros,
no nos conozca Galván;
que si Galván nos conoce
mandarnos hía matar.
Encima ropas de seda
vistamos las de sayal,
llevemos nuestras espadas
por más seguros andar,
llevemos sendos bordones
por la gente asegurar.
Ya se parten los romeros,
ya se parten, ya se van,
de noche por los caminos,
de día por los jarales[42].
Andando por sus jornadas
a París llegado han;
las puertas hallan cerradas[43],
no hallan por dónde entrar;
siete vueltas la rodean[44]
por ver si podrán entrar,
y al cabo de las ocho,
un postigo van a hallar.
Ellos que se vieron dentro
empiezan a demandar;

Romeros: Peregrinos.

Mandarnos hía: Nos mandaría.

Sayal: Tela áspera.

Sendos bordones: Uno bastón de peregrino cada uno.

Por la gente asegurar: Para que la gente no sospeche.

Por sus jornadas: En el tiempo previsto.

Postigo: Puerta falsa.

Demandar: Preguntar.

---

[41] Gaiferos lleva a cabo la venganza en París. En compañía de su tío, disfrazados de peregrinos, salvan el honor de su madre después de darse a conocer. El desenlace responde al fenómeno frecuente de la *anagnórisis,* identificación inesperada de los personajes. Gaiferos empieza hablando con su tío, como queda indicado en el final del romance anterior.

[42] Parece más lógica la forma *jaral,* que mantiene la asonancia general del romance.

[43] Se trata de las puertas de la ciudad.

[44] El rodeo de siete vueltas tiene un sentido mágico.

no preguntan por mesón
ni menos por hospital;
preguntan por los palacios
donde la condesa está.
A las puertas del palacio,
allí van a demandar;
vieron estar la condesa
y empezaron de hablar:
—Dios te salve, la condesa.
—Los romeros, bien vengáis.
—Mandédesnos dar limosna
por honor de caridad.
—Con Dios vayáis, los romeros,
que no os puedo nada dar,
que el conde me había mandado
a romeros no albergar[45].
—Dadnos limosna, señora[46],
que el conde no lo sabrá.
Así la den a Gaiferos[47]
en la tierra donde está.
Así como oyó Gaiferos
comenzó de suspirar;
mandábales dar del vino,
mandábales dar del pan.
Ellos en aquesto estando,
el conde llegado ha.
—¿Qué es aquesto, la condesa?
Aquesto ¿qué puede estar?
¿No os tenía yo mandado
a romeros no albergar?
Y alzara la su mano,
puñada le fuera a dar
que sus dientes menudicos[48]

Hospital: Casa para recoger pobres y peregrinos.

Mandédesnos dar: Mandad que nos den.

Puñada: Puñetazo.

[45] No hay explicación convincente a la prohibición de albergar romeros, peregrinos. Tal vez, por el miedo de que un peregrino pueda matarlo.

[46] Los peregrinos hacían el viaje pidiendo limosna.

[47] El nombre de Gaiferos sirve para comprobar si la condesa se conmueve al oírlo.

[48] Los dientes pequeños eran señal de belleza.

en tierra los fuera a echar.
Así hablaron los romeros
y empiezan de hablar:
—Por hacer bien la condesa,
cierto, no merece mal.
—Calledes vos, los romeros,
no hayades vuestra parte[49].
Alzó Gaiferos su espada,
un golpe le fue a dar,
que la cabeza de sus hombros
en tierra la fuera a echar.
Allí habló la condesa
Llorando con gran pesar:
—¿Quién érades los romeros,
que al conde fuisteis matar?
Allí respondió el romero,
Tal respuesta le fue a dar:
—Yo soy Gaiferos, señora,
vuestro hijo natural.
—Aquesto no puede ser
ni era cosa de verdad,
que el dedo y el corazón
yo lo tengo por señal.
—El corazón que vos tenéis[50]
en persona no fue a estar;
el dedo bien es aqueste
que en esta mano me falta[51].
La condesa que esto oyera
empezóle de abrazar;
la tristeza que tenía
en placer se fue a tornar.

Hayades: Tengáis.

Quién érades: Quiénes erais.

Natural: Legítimo.

[49] *Parte* supone el uso de *-e* paragógica en el resto de los versos. El significado de la expresión es aproximadamente «no tengáis, recibáis, la parte que os corresponde».

[50] Verso hipermétrico. El corazón nunca estuvo como prueba, porque a la condesa se le dio el de una perrita.

[51] El verso, repetido en todas las versiones, resulta irregular. Se supone que los cuatro últimos versos pares presentaban formas de infinitivo con *e-* paragógica.

41
ROMANCE DEL INFANTE VENGADOR[52]

¡Helo, helo, por do viene[53]
el infante vengador,
caballero a la jineta
en caballo corredor,
su manto revuelto al brazo,
demudada la color[54],
y en la su mano derecha
un venablo cortador!
Con la punta del venablo
sacarían un arador;
siete veces fue templado
en la sangre de un dragón[55]
y otras tantas afilado
porque cortase mejor;
el hierro fue hecho en Francia
y el asta en Aragón.
Perfilándoselo iba
en las alas de su halcón[56].
Iba a buscar a don Cuadros,
a don Cuadros el traidor.
Allá le fuera a hallar
junto al emperador;
la vara tiene en la mano,
que era justicia mayor.
Siete veces lo pensaba[57]

A la jineta: Con los estribos cortos.

Demudada: Cambiada, alterada.

Venablo: Lanza corta.

Arador: Parásito que se aloja debajo de la piel.

Asta: Palo del venablo.

Vara: Bastón, vara de la justicia.

[52] El protagonista de este romance representa las condiciones excelsas del héroe mítico, defendido por la hija del rey. La condición excepcional del héroe le permite alcanzar el amor de la infanta. Curiosamente, la mayoría de los personajes son anónimos.

[53] La fórmula de localización espacial no es rara en otros romances.

[54] La versión más antigua reproduce la forma *demudado.*

[55] *Templado,* enfriado bruscamente en agua cuando el metal está al rojo vivo. Se hace así más resistente. La sangre de dragón tenía poderes mágicos. La inexistencia de los dragones intensifica el valor irreal de su sangre.

[56] La perfección del filo del arma se completa con un detalle tan sutil y delicado como es pasarla por las plumas del halcón, ave de confianza del caballero.

[57] Ya hemos visto en otros pasajes cómo el número siete resulta un número mágico.

si lo tiraría o no
y al cabo de las ocho
el venablo le arrojó;
por dar al dicho don Cuadros,
dado ha al emperador[58],
pasado le ha manto y sayo,
que era de un tornasol;
por el suelo enladrillado
más de un palmo lo metió[59].
Allí le habló el rey,
bien oiréis lo que habló:
—¿Por qué me tiraste, infante?
¿Por qué me tiras, traidor?
—Perdóneme tu alteza,
que no tiraba a ti, no,
tiraba al traidor de Cuadros,
ese falso engañador,
que siete hermanos tenía,
no ha dejado si a mí, no.
Por eso delante de ti[60],
buen rey, lo desafío yo.
Todos fían a don Cuadros,
y al infante no fían, no,
si no fuera una doncella[61],
hija es del emperador,
que los tomó por la mano
y en el campo los metió[62].
A los primeros encuentros,
Cuadros en tierra cayó.
Apeárase el infante,
la cabeza le cortó

Pasado: Traspasado.

Tornasol: Tela con reflejos brillantes.

Si a mí, no: Sino Solo a mí.

Fían: Apoyan.

[58] Aunque es el único personaje que tiene nombre propio, *don Cuadros* es desconocido en la tradición del *Romancero. El emperador* es Carlomagno.

[59] Muchas versiones reproducen la forma *le,* clara expresión de leísmo.

[60] Verso hipermétrico.

[61] A pesar de la importancia que tendrá en el desenlace del romance, su nombre es desconocido.

[62] En el campo marcado para llevar a cabo el torneo.

y tomárala en su lanza
y al buen rey la presentó.
De aquesto que vido el rey,
con su hija lo casó.

Vido: Vio.

V. ROMANCES NOVELESCOS

42
EL CONDE ARNALDOS[1]

¡Quién hubiese tal ventura
sobre las aguas del mar,
como hubo el conde Arnaldos
la mañana de san Juan[2]!
Con un halcón en la mano
la caza iba a cazar,
vio venir una galera[3]
que a tierra quiere llegar.
Las velas traía de seda,
la ejercia de un cendal;
marinero que la manda[4]
diciendo viene un cantar[5]
que la mar hacía en calma,
los vientos hace amainar,
los peces que andan nel hondo
arriba los hace andar,
las aves que andan volando
nel mástil las haz posar.
Allí habló el conde Arnaldos,
bien oiréis lo que dirá:
—Por Dios te ruego, marinero[6],

Ventura: Suerte.

Galera: Embarcación con velas y remos.

Ejercia de un cendal: Jarcia, aparejos del buque, en este caso de tela muy fina.

Amainar: Perder fuerza.

Nel: En el.

Haz: Hace.

---

[1] Es uno de los romances más enigmáticos. Se basa en elementos folclóricos relacionados con la música y el mar. Es un símbolo poético del hombre ante el misterio.

[2] La mañana de san Juan tiene muchas referencias mágicas, relacionadas con el amor.

[3] La condición maravillosa de la galera que llega, ha llevado a considerarla como símbolo de extrañas realidades, sin excluir el de la iglesia cristiana.

[4] El marinero responde a la extraña condición de la galera. Puede ser un pirata, un genio maléfico, una sirena masculina…

[5] El poder del canto es un mito común a todas las culturas.

[6] Verso hipermétrico.

Ora: *Ahora.*

dígasme ora ese cantar.
Respondióle el marinero,
tal respuesta le fue a dar:
—Yo no digo esta canción
sino a quien conmigo va[7].

43
ROMANCE DEL PRISIONERO[8]

Calandria: Ave canora.

Cuitado: Afligido, desventurado.

Ballestero: El que va armado de ballesta para lanzar flechas.

Corvejón: Articulación de la parte posterior de la pierna.

Por el mes era de mayo[9],
cuando hace la calor,
cuando canta la calandria
y responde el ruiseñor[10],
cuando los enamorados
van a servir al amor,
sino yo, triste, cuitado,
que vivo en esta prisión,
que ni sé cuándo es de día
ni cuándo las noches son,
sino por una avecilla
que me cantaba al albor:
matómela un ballestero;
¡déle Dios mal galardón![11]
Cabellos de mi cabeza
lléganme al corvejón,
los cabellos de mi barba
por manteles tengo yo,

[7] El brusco final hace más inexplicable la respuesta: no se sabe si es una evasiva o una invitación a que le conde Arnaldos le siga hacia un rumbo incierto.

[8] Se conocen distintas versiones de este romance. La más popular se compone de los catorce primeros versos, que finalizan con un poético fragmentarismo. Una más breve aún, de doce —ha suprimido la calandria y el ruiseñor—, es también muy popular por el arranque del primer verso: «Que por mayo era, por mayo, / cuando los grandes calores...», etcétera.

[9] El mes de mayo supone alusiones a la primavera y al amor. La primavera se presenta como símbolo de la vida y del amor, en contraste con la soledad en la que el preso se encuentra. Las aves, evocadas de forma muy precisa en esta versión, constituyen el enlace con la vida y la libertad.

[10] Ambas avecillas forman parte de una tradición que arranca de la cultura latina.

[11] Con este verso terminan las versiones más antiguas.

las uñas de las mis manos
por cuchillo tajador.
Si lo hacía el buen rey[12],
hácelo como señor;
si lo hace el carcelero,
hácelo como traidor.
Mas quién ahora me diese
un pájaro hablador,
siquiera fuera calandria
o tordico o ruiseñor,
criado fuese entre damas
y avezado a la razón[13],
que me lleve una embajada
a mi esposa Leonor:
que me envíe una empanada,
no de trucha, ni salmón,
sino de una lima sorda
y de un pico tajador:
la lima para los hierros
y el pico para la torre[14].
Oídolo había el rey,
mandóle quitar la prisión.

Tajador: Cortador.

Tordico: Tordo (pájaro).

Avezado: Acostumbrado.

Embajada: Encargo.

44
ROMANCE DE DON BUESO Y LA HERMANA CAUTIVA[15]

Camina don Bueso,
mañanita fría,

[12] Si hubiera sido decisión del rey, el prisionero lo hubiera considerado justo, puesto que el rey es señor de la vida de sus súbditos.

[13] Que fuera una avecilla acostumbrada a la convivencia humana y *avezada a la razón*, es decir, con facilidad para hablar.

[14] La rima se explica por la existencia de una *-e* paragógica en los versos anteriores. Pide una lima para romper los barrotes y un pico para hacer un túnel.

[15] No se han documentado versiones antiguas de este romance, compuesto en versos hexasílabos. Menéndez Pidal demostró que procede de una balada germánica: Kudrun, la mujer protagonista, permanecería cautiva durante trece años hasta su liberación.

a tierra de moros
a buscar amiga[16];
ni la encuentra en casa
ni la encuentra en villa;
la encontró lavando
en la fuente fría[17]:
—Quítate de ahí, mora,
hija de judía,
que beba el caballo
en la fuente fría.
—Reviente el caballo
y el que en él venía,
que yo ni soy mora
ni hija de judía,
que soy cristianita,
bautizada en pila.
—Si eres cristianita[18],
yo te llevaría,
si a las ancas, ancas,
si a la silla, silla.
—Y a las ancas no,
que es bajeza mía,
y a la silla, silla,
yo muy bien iría.
Y al subir al alto,
dio una voz la niña,
conoció la tierra
donde fue nacida:
—Mi padre buen rey,
plantó aquí esta oliva,

Pila: Pila de bautismo.

Ancas: Parte posterior del lomo de las caballerías.

Oliva: Olivo.

[16] La marcha de don Bueso a tierra de moros no indica intenciones muy nobles. Va sólo *«a buscar amiga»*.

[17] El encuentro de la joven (curiosamente, *«en la fuente fría»*), fuera de la casa y de la villa, le da un cierto aire salvaje. El desprecio de don Bueso para con ella es tan intenso que la pospone a su caballo.

[18] El conocimiento de la condición cristiana de la joven modifica la actitud de don Bueso que, sin conocerla, decide llevársela a su tierra. Adviértase que los versos 17 y 19, aun siendo impares, llevan también la rima en *i-a*.

mi madre la reina,
sentadita en silla,
mi hermano don Bueso,
los toros corría[19],
mi hermana mayor
bordaba y cosía,
yo, como chiquita,
las hebras torcía.
—Salga, la mi madre,
salga, madre mía,
que fui a buscar nuera[20],
le traje una hija.
—Si me traes nuera,
sea bienvenida;
Si me traes la hija,
mejor recibida.
Mala color tiene
Para ser mi hija.
—¡Qué color, mi madre,
qué color quería,
si ya hace siete años
que pan no comía,
no siendo los berros
de una fuente fría
y de esos, pocos,
que no los había!
Mi saya del oro,
del oro tejida,
que te dejé nueva
y te hallé rompida.

Torcer las hebras: Retorcer el hilo para que entre en la aguja.

Berros: Plantas comestibles que se crían en zonas de agua.

Saya: Especie de falda.

[19] La diferencia de edad parece llamativa. Es también curiosa la afición tan moderna de correr los toros por parte de don Bueso.

[20] El caballero iba a buscar *amiga,* pero, después de reconocer a su hermana, confiesa que había ido a buscar *nuera.*

45
ROMANCE DE LAS HERMANAS REINA Y CAUTIVA[21]

Villanía: Bajeza de nacimiento.

—Moro, si vas a la España,
traerás una cautiva,
no sea blanca ni fea,
ni gente de villanía.
Ve venir el conde Flores[22]
que viene de la capilla,
viene de pedir a Dios
que le dé un hijo o una hija.
—Conde Flores, Conde Flores,
tu mujer será cautiva.
—No será cautiva, no,
antes perderé la vida.
Cuando partió el Conde Flores
su mujer quedó cautiva.
—Aquí traigo, reina mora,
una cristiana muy linda
que no es blanca ni fea
ni gente de villanía;
no es mujer de ningún rey,
lo es del Conde de Castilla.
—De las esclavas que tengo
tú serás la más querida,
aquí entrego mis llaves
para hacer la mi cocina.
—Yo las tomaré, señora,
pues tan gran dicha es la mía.
La reina estaba preñada[23],
la cautiva estaba encinta;
quiso Dios y la fortuna,

[21] Como en el romance anterior, no se conoce ninguna versión antigua. El romance deriva del poema francés *Floire et Blancheflor*.

[22] El conde Flores es personaje conocido en el *Romancero*.

[23] Se cumple así la petición del conde Flores.

las dos parieran un día.
La reina parió en el trono,
la esclava en tierra paría,
una hija parió la reina,
la esclava un hijo paría;
las comadronas son falsas,
truecan el niño y la niña[24],
a la reina dan el hijo,
la esclava toma la hija.
Cuando un día la apañaba
estas palabras decía:
—No llores, hija, no llores,
hija mía y no parida,
si fueses a las mis tierras
muy bien te bautizaría,
y te pondría por nombre
María Flor de la vida[25];
que yo tenía una hermana,
que este nombre se decía,
que yo tenía una hermana,
de moros era cautiva,
que fueron a cautivarla
una mañanita fría,
cogiendo rosas y flores
en un jardín que tenía.
La reina ya lo escuchó
del cuarto donde dormía.
Ya la enviaba a buscar
por un negro que tenía:
—¿Qué dices, la linda esclava?,
¿qué dices, linda cautiva?
—Palabras que hablo, señora,
yo también te las diría:
No llores, hija, no llores,
hija mía y no parida.

Un día: El mismo día.

Son falsas: Actúan con falsedad.

Truecan: Cambian.

Apañaba: Se apoderaba de ella.

Cautivarla: Hacerla prisionera.

---

[24] El cambio de criatura es un desprecio para la cautiva.
[25] María Flor recuerda el nombre de la niña del poema francés.

—Si aquesto fuese verdad,
hermana mía serías.
—Aquesto es verdad, señora,
como el día en que nacía.
Ya se abrazaban las dos
con grande llanto que había.
El rey moro lo escuchó
del cuarto donde escribía,
ya las envía a buscar
por un negro que tenía:
—¿Qué lloras, regalo mío?,
¿qué lloras, la prenda mía?
Tratábamos de casaros
con lo mejor de Turquía.
Ya le respondió la reina,
estas palabras decía:
—No quiero mezclar mi sangre
con la de perros maldita.
Un día, mientras paseaban
con su hijo y con su hija,
hecho convenio las dos,
a su tierra se volvían.

46
ROMANCE DE LA INFANTINA[26]

A cazar va el caballero,
a cazar como solía,
los perros lleva cansados,
el halcón perdido había[27];
arrimárase a un roble,
alto es a maravilla;

[26] El ambiente mágico en el que se desarrolla hace de este romance una composición excepcional. La figura de la infantina encantada mantiene relación con el mito de las divinidades de los árboles. *Infantina* es un diminutivo de infanta.

[27] El fracaso en la caza es un momento frecuente en los romances. Se considera muchas veces como anuncio de un fracaso amoroso.

en una rama más alta,
vido estar una infantina;
cabellos de su cabeza
todo el roble cubrían[28].
—No te espantes, caballero,
ni tengas tamaña grima.
Hija soy yo del buen rey[29]
y de la reina de Castilla;
siete hadas me hadaron
en brazos de una ama mía,
que andase los siete años
sola en esta montiña.
Hoy se cumplían los siete años[30],
o mañana en aquel día;
por Dios te ruego, caballero,
llévesme en tu compañía,
si quisieres, por mujer,
si no, sea por amiga.
—Esperéisme vos, señora,
hasta mañana, aquel día,
iré yo tomar consejo[31]
de una madre que tenía.
La niña le respondiera
y estas palabras decía:
—¡Oh, malhaya el caballero
que sola deja la niña!
Él se va a tomar consejo,
y ella queda en la montiña.
Aconsejóle su madre
la tomase por amiga.
Cuando volvió el caballero
no la hallara en la montiña:

Tamaña grima: Tan gran desazón, o disgusto.

Hadar: Anunciar, pronosticar.

Ama: Mujer que cría a una criatura ajena.

Andase: Anduviese.

Montiña: Monte, bosque.

Amiga: Amante.

Malhaya: Mala suerte tenga.

[28] Se trata de una hipérbole lírica, acorde con la magia del escenario y del momento.

[29] El encantamiento ocurrió cuando era pequeña, casi recién nacida. El verso siguiente es hipermétrico, como el 19 y el 21.

[30] A pesar de la imprecisión temporal, el momento es decisivo para romper el encantamiento. Verso hipermétrico: sería correcto con el verbo en presente.

[31] La necesidad del consejo materno pone en duda la categoría del caballero.

Vídola: La vio.

vídola que la llevaban
con muy gran caballería.
El caballero, desque la vido[32],
en el suelo se caía;

Tornar en sí: Volver en sí, recobrar el sentido.

desque en sí hubo tornado,
estas palabras decía:
—Caballero que tal pierde,
grande pena merecía;

Alcalde: Juez.

yo mismo seré el alcalde,
yo me seré la justicia:
que le corten pies y manos
y lo arrastren por la villa.

47
ROMANCE DE LA INFANTA PREÑADA[33]

Bien se pensaba la reina
que buena hija tenía,
que del conde don Galván[34]
tres veces parido había;
que no lo sabía ninguno
de los que en la corte había,
si no fuese una doncella

Cámara: Habitación.

que en su cámara dormía
y por un enojo que hubiera
a la reina lo decía.
La reina se la llamaba
y a su cámara la metía[35].

Cuidado: Preocupación.

Y estando en este cuidado
de palabras la castiga:

Castiga: Amonesta.

—Ay, hija, si virgo estáis,

Virgo: Virgen.

reina seréis de Castilla;

---

[32] Verso hipermétrico, en todas las versiones, que reproducen *desque*.

[33] Los amores clandestinos de las princesas (que frecuentemente dan como fruto un recién nacido de condición heroica) son abundantes en la literatura popular.

[34] *Galván* era el nombre del padrastro de Gaiferos.

[35] Verso hipermétrico por la incorporación de la forma pronominal *la* referida a la infanta.

hija, si virgo no estáis,
de mal fuego seas ardida.
—Tan virgo estoy, la mi madre,
como el día que fui nacida.
Por Dios os ruego, mi madre,
que no me dedes marido:
Doliente soy de mi cuerpo
que no soy para servirlo[36].
Subiérase la infanta
a lo alto de una torre;
si bien labraba la seda,
mejor labraba el retrós.
Vido venir a Galván,
telas de su corazón.
Ellas en aquesto estando,
el parto le tomó[37]:
—¡Ay, por Dios, ay, mi señor,
allegueisos a esta torre;
recogedme este muchacho
en cabo de vuestro manto:
dédesmelo a criar
a la madre que os parió.

Dedes: Deis.
Doliente: Enferma.
Labraba: Bordaba.
Retrós: Retor, tela de algodón fuerte.
Allegueisos: Acercaos.
En cabo de: En.
Dédesmelo: Dádmelo.

48
ROMANCE DEL CONDE OLINOS[38]

Madrugaba el conde Lino,
mañanita de san Juan[39],

[36] Claro sentido sexual: *«pues no soy para servirlo»* quiere decir «no podré atenderlo».

[37] Los tres cambios de rima (y algún verso hipométrico, como *«el parto le tomó»)* pueden explicarse por la corrección hecha sobre un texto deteriorado.

[38] Los orígenes de esta hermosa balada no son muy claros. La leyenda desarrolla el tema del amor más poderoso que la muerte a través de una serie de símbolos universales: la noche de san Juan, el canto de la sirena y la transformación de los amantes en elementos vegetales y animales. La condición milagrosa de los amantes añade dramatismo a la composición. El protagonista recibe diversos nombres, si bien el de Olinos es el más popular. Además de conde Niño, encontramos conde *Lino,* como se comprueba en esta versión recogida en la provincia de Salamanca.

[39] Una vez más, la mañana de san Juan se presenta como el momento apropiado para los sucesos maravillosos.

a darle agua a su caballo
a las orillas del mar[40].
Mientras el caballo bebe
cantaremos un cantar[41]:
—Camisa, la mi camisa,
quién te pudiera lavar,
lavarte y retorcerte
y tenderte en un rosal[42].
La reina lo estaba oyendo
desde su palacio real:
—Mira, hija, cómo canta
la sirenita del mar[43].
—No es la sirenita, madre,
no es la serenita tal,
es el hijo conde Lino,
mis amores vienen ya.
—Tus amores vienen ya,
yo los mandaré matar[44].
—Madre, si usted los matara,
a mí iban a enterrar.
Ella se murió a las once
y él a los gallos cantar,
y a dentro día mañana
y los fueron a enterrar;
ella, como hija de reina,
la entierran al pie el altar[45],

A los gallos cantar: Al amanecer.

A dentro día mañana: Entrado el día siguiente.

Al pie el: Al pie del.

[40] El ambiente especial de lo narrado puede explicar una actividad tan poco lógica como dar agua al caballo a la orilla del mar. Con todo, no hay que olvidar que, según los investigadores, dar agua al caballo tiene sentido erótico.

[41] La mayoría de las versiones presentan al conde Olinos cantando; en esta el conde lo hace, pero a través de esa curiosa fórmula *cantaremos*.

[42] La letra del canto, de evidente contenido amoroso en este romance, se refleja más en las versiones modernas.

[43] El efecto maravilloso del canto hace pensar a la reina en una sirena, elemento casi sobrenatural, acorde con el ambiente del romance.

[44] La actitud violenta de la reina no tiene explicación convincente. Podría pensarse en una diferencia social llamativa, pero el hecho de que los entierren casi juntos (a él lo entierran *«un poquito más atrás»* solamente) indica su cercanía social.

[45] Antiguamente los nobles eran enterrados en las iglesias, ocupando un lugar tan próximo al altar como correspondía a su condición.

y él, como hijo de conde,
un poquito más atrás.
Ella se volvió una oliva[46]
y él se volvió un olivar.
La reina, desque lo supo,
luego los mandó cortar;
y el hombre que los cortaba
no cesaba de llorar.
Y ella se volvió paloma
y él un pajarito real.
La reina, desque lo supo,
luego los mandó matar;
y el hombre que los mataba
no cesaba de llorar.
Ella se volvió una garza
y él se volvió gavilán.
La garza, como ligera,
de un vuelo pasó la mar,
y el gavilán, como torpe,
de dos la vino a pasar.
Ella se volvió una ermita[47]
y él un pequeñito altar,
y en el medio de la ermita,
la fuente del perennal.
Allí van cojos y mancos,
todos se iban a curar.
La reina, desque lo supo,
de seguida se fue allá:
—Hija, lávame los ojos,
lávamelos sin tardar.
—Madre, lávese cada uno[48],
del otro no será tal.

Desque: En cuanto.

Luego: Mañana.

Garza: Ave zancuda que vive cerca de ríos y pantanos.

Gavilán: Ave rapaz.

Perennal: Perenne, continuo, incesante.

[46] A partir de aquí se inicia una serie muy variada de encarnaciones, símbolo del amor eterno. Los amantes reflejan literariamente una balada europea, *Las transformaciones,* que alcanzó gran popularidad.

[47] La fuente y la ermita, con su valor milagroso, constituyen la síntesis perfecta de todas las transformaciones de los amantes.

[48] Hay un cierto sentido de crueldad y venganza, que se repite en las distintas versiones, en este desenlace.

Cuando me volví oliva
me mandó usted cortar,
cuando me volví paloma
me mandó usted matar,
y ahora que me he vuelto santa
me viene usté a visitar.

49
ROMANCE DE GERINELDO[49]

—Gerineldo, Gerineldo,
paje del rey más querido,
quién te tuviera esta noche
en mi jardín florecido[50].
Válgame Dios, Gerineldo,
cuerpo que tienes tan lindo.
—Como soy vuestro criado,
señora, burláis conmigo.
—No me burlo, Gerineldo,
que de veras te lo digo.
—¿Y cuándo, señora mía,
cumpliréis lo prometido?
—Entre las doce y la una,
que el rey estará dormido.
Media noche ya es pasada,
Gerineldo no ha venido.
¡Oh malhaya, Gerineldo,
quien amor puso contigo!
—Abráisme, la mi señora,
abráisme, cuerpo garrido.
—¿Quién a mi estancia se atreve,
quién llama así a mi postigo?
—No os turbéis, señora mía,
que soy vuestro dulce amigo.

Paje: Criado que asiste al señor.

Garrido: Bello, elegante.

Estancia: Habitación.

Postigo: Puerta.

[49] La leyenda, de origen carolingio, narra los amores de Emma, la hija de Carlomagno, con Eginardo. El fino análisis psicológico del proceso amoroso se sirve de una serie de elementos muy antiguos. Es uno de los romances que más versiones presenta.

[50] La expresión tiene un indudable sentido erótico.

Tomáralo por la mano
y en el lecho lo ha metido;
entre juegos y deleites
la noche se les ha ido,
y allá hacia el amanecer
los dos se duermen vencidos.
Despertado había el rey[51]
de un sueño despavorido.
—O me roban a la infanta
O traicionan el castillo.
Aprisa llama a su paje
pidiéndole los vestidos:
—¡Gerineldo, Gerineldo,
el mi paje más querido!
Tres veces le había llamado,
ninguna le ha respondido.
Puso la espada en la cinta,
adonde la infanta ha ido:
vio a su hija, vio a su paje,
como mujer y marido.
—¿Mataré yo a Gerineldo,
a quien crié desde niño?
Pues si matare a la infanta
mi reino queda perdido.
Pondré mi espada por medio[52]
que me sirva de testigo.
Y salióse hacia el jardín
sin ser de nadie sentido.
Rebullíase la infanta,
tres horas ya el sol salido;
con el frior de la espada
la dama se ha estremecido.
—Levántate, Gerineldo,
levántate, dueño mío,
la espada del rey mi padre

Despavorido: Lleno de pavor y espanto.

Cinta: Cintura.

Rebullíase: Empezábase a mover.

Frior: Frío.

[51] El sueño que anuncia tragedias es un recurso tradicional muy utilizado.
[52] La colocación de la espada suele tener sentido de prohibición.

entre los dos ha dormido.
—¿Y a dónde iré, mi señora,
que del rey no sea visto?
—Vete por ese jardín[53]
cogiendo rosas y lirios;
pesares que te vinieren
yo los partiré contigo.
—¿Dónde vienes, Gerineldo,
tan mustio y descolorido?
—Vengo del jardín, buen rey,
por ver cómo ha florecido;
la fragancia de una rosa
la color me ha desvaído[54].
—De esta rosa que has cortado
mi espada será testigo.
—Matadme, señor, matadme,
bien lo tengo merecido.
Ellos en estas razones,
la infanta a su padre vino:
—Rey y señor, no le mates,
mas dámelo por marido.
O si lo quieres matar
la muerte será conmigo[55].

50
ROMANCE DE GERINELDO
(Otra versión, fundida con el romance del conde Olinos[56])

—Gerineldo, Gerineldo,
paje del rey más querido,

[53] Las palabras de la infanta resultan de hondo lirismo.

[54] Es curioso cómo Gerineldo ha asimilado las expresiones de elementos florales que la infanta utiliza.

[55] Aunque los desenlaces son diferentes en las distintas versiones, suele predominar este símbolo de amor eterno.

[56] El romance fue recogido en 1901 por Ramón Menéndez Pidal en Almanza, un pueblo de León. La informante fue una criada de Luis Menéndez Pidal. La versión es una muestra poética de gran belleza al fundir dos romances tan delicados.

¡quién estuviera en tus brazos
tres horas o más contigo,
y después de las tres horas
hasta haber amanecido!
—Como soy criado vuestro,
os queréis burlar conmigo.
—No te lo digo burlando,
que de veras te lo digo.
—Si me lo dices de veras,
¿a qué hora vengo al castillo?
—A eso de las diez y media,
cuando el rey esté dormido.
A eso de las diez y media
Gerineldo dio un suspiro.
—¿Quién ha sido el picarón[57],
quién ha sido el atrevido
que a la puerta de la infanta
ha dado un grande suspiro?
—Soy Gerineldo, señora,
que vengo a lo prometido.
—Que si no era Gerineldo
se vuelva por donde vino.
Sale la dama en enagua
y abre su puerta y postigo[58].
—Con una puerta que abra
cabe mi cuerpo pulido.
Le subiera para arriba,
Le metiera en el castillo;
se metieron en la cama
como mujer y marido.
A eso de las diez y media
un sueño Sultán le vino:
que le maltratan la infanta
o le roban el castillo.

Enagua: Prenda que la mujer llevaba debajo de la falda.

Pulido: Limpio, bello.

[57] La forma *picarón* da un tono coloquial a la escena.

[58] *Postigo* no tiene aquí el sentido clásico de «*puerta secundaria en la muralla*», sino el de puerta que está hecha de una sola pieza.

—Yo si mato a la infantita,
queda mi reino perdido,
y si mato a Gerineldo,
que criado mío ha sido...
Aquí dejaré mi espada,
que me sirva de testigo.
—¡Alto, alto, Gerineldo,
aquí ya estamos cogidos!
La espada del rey mi padre
entre los dos ha dormido.
—Calla, calla, la infantita,
que la traje yo consigo.
—Calla, calla, Gerineldo,
que yo bien la he conocido,
que la de mi padre es de oro[59],
la tuya de cristal fino.
Vete a darle buenos días[60]
como otros días has ido.
—Buenos días, mi alteza.
—Buenos días, paje mío.
¿Qué has tenido, Gerineldo,
que vienes descolorido?
—Vengo del jardín de flores,
como está florido y lindo,
con el olor de las flores
las colores se me han ido.
—Bien te sabes disculpar,
aunque eres pequeño y niño;
si te he querido matar,
tiempo y lugar he tenido.
—Máteme usted, mi alteza,
si lo tengo merecido.
—No te quiero matar yo[61],

[59] La materia de la que están hechas las espadas, oro y cristal, son elementos tradicionales cargados de simbolismo.

[60] La fórmula de saludo resulta muy moderna; se explica por la actualización que las versiones de los romances van haciendo de situaciones lejanas.

[61] La decisión del rey, con un gran sentido religioso, es el enlace con el romance del conde Olinos: el rey manda a su paje, «pequeño y niño», a dar agua al caballo.

mátete Dios que te hizo.
Vete a dar agua al caballo
a las orillas del mar,
donde la reina y la infanta
allí se van a pasear.
Mientras el caballo bebe
él se cantaba un cantar.
—Mira, hija, cómo canta
la sirenita del mar.
—No es la sirenita, madre,
no es la sirenita tal;
es Gerineldo pulido
con quien yo me he de casar.
—Si tú te casas con él,
yo le mandaré matar.
—Si le manda matar, madre[62],
a mí me mande enterrar:
a mí, como hija del rey,
me entierren en el altar;
a él, como hijo de conde,
un poquito más atrás.
Y de ella salió una rosa,
de él, un lindo rosal.
La reina, cuando iba a misa[63],
les ha mandado cortar.
De la rosa salió leche
y del rosal sangre real;
de la leche una paloma,
de la sangre un gavilán.
Desde allí cogieron vuelo,
a la orilla del mar van;
y de ella salió una ermita
y de él un lindo hospital,
que los cojos y tullidos

Tullidos: Paralíticos parciales.

[62] Hay una subjetivización del desenlace: frente a la narración en tercera persona de otros romances, en este la infanta pide que se haga como ella desea.

[63] Las *transformaciones* siguen un curioso proceso: rosas, sangre, leche, aves... Los elementos parten de lo vegetal para llegar a lo animal.

allí se van a curar.
La reina, por su desgracia,
mala de humores está,
y ha mandado a sus doncellas
que la llevaran allá.
Sus doncellas allá entraron
mas ella no pudo entrar.
—Afuera, afuera la reina,
fuera, no entrará aquí tal,
que cuando yo era rosa,
ella me mandó cortar,
y cuando yo era paloma,
ella me mandó matar,
y ahora que ya somos santos
ya nos viene aquí a enfadar.

Humores: Fluidos que configuran la condición psicológica.

51
ROMANCE DE FONTEFRIDA[64]

Fontefrida, Fontefrida[65],
Fontefrida y con amor,
do todas las avecicas
van tomar consolación,
si no es la tortolica,
que está viuda y con dolor.
Por ahí fuera pasar
el traidor del ruiseñor[66],
las palabras que él decía
llenas son de traïción;
—Si tú quisieses, señora,
yo sería tu servidor.

Do: Donde.

[64] El fondo del romance es cortesano, con estructura de pastorela. En este encuentro, el caballero y la dama se han transformado en aves de gran tradición literaria. La tórtola representa la fidelidad amorosa frente al ruiseñor, modelo de ser fácilmente enamoradizo.

[65] El romance incorpora dos elementos: la fuente como lugar de encuentro y el agua fría como símbolo de disfrute erótico.

[66] A la condición tradicional de enamoradizo, se añade aquí la de traidor, con lo cual se intensifica el sentido de tristeza de la tórtola.

—Vete de ahí, enemigo,
malo, falso, engañador,
que ni poso en ramo verde[67]
ni en prado que tenga flor;
que si hallo el agua clara,
turbia la bebía yo;
que no quiero haber marido,
por que hijos no haya, no,
no quiero placer con ellos;
ni menos consolación.
¡Déjame, triste enemigo,
malo, falso, mal traidor,
que no quiero ser tu amiga
ni casar contigo, no!

Haber: Tener.

Amiga: Amante.

52
ROMANCE DEL ENAMORADO Y LA MUERTE[68]

Un sueño soñaba anoche,
soñito del alma mía,
soñaba con mis amores
que en mis brazos los tenía.
Vi entrar señora tan blanca
muy más que la nieve fría[69].
—¿Por dónde has entrado, amor?
¿Cómo has entrado, mi vida?
Las puertas están cerradas,
ventanas y celosías.

Soñito: Sueñecito.

Celosías: Enrejado de madera que se pone en las ventanas.

[67] La tórtola huye de espacios que simbolicen vida o belleza. Enturbia el agua para no ver reflejada la imagen de su amante muerto.

[68] Los orígenes se encuentran en un romance de Juan del Encina, dramaturgo español de los siglos XV-XVI. Describe una situación de amor y muerte, con estructura de *romance-escena*. El color blanco de la amada la identifica con la muerte, provocando así una situación dramática, con la victoria de la muerte.

[69] Hay una cierta semejanza entre esta escena y la descrita en el «Romance del sueño de don Rodrigo». La Fortuna y la muerte tienen una función semejante.

—No soy el amor, amante:
La Muerte que Dios te envía.
—¡Ay, Muerte tan rigurosa,
déjame vivir un día!
—Un día no puede ser,
una hora tienes de vida.
Muy de prisa se calzaba,
más deprisa se vestía;
ya se va para la calle,
en donde su amor vivía.
—¡Ábreme la puerta, blanca[70],
Ábreme la puerta, niña!
—¿Cómo te podré yo abrir
si la ocasión no es venida?
Mi padre no fue al palacio,
mi madre no está dormida[71].
—Si no me abres esta noche,
ya no me abrirás, querida;
La Muerte me está buscando,
junto a ti vida sería[72].
—Vete bajo la ventana
donde labraba y cosía;
te echaré cordón de seda
para que subas arriba;
y si el cordón no alcanzare,
mis trenzas añadiría[73].
—La fina seda se rompe;
la Muerte que allí venía:
—Vamos, el enamorado,
que la hora ya está cumplida[74].

Labraba: Bordaba.

[70] Obsesionado por la visión de la muerte, el enamorado llama «blanca» a su enamorada.

[71] El dramatismo del momento se acentúa al comprobar que se trata de un encuentro secreto.

[72] El amor se presenta, aunque sin esperanza, como única salvación posible.

[73] La ayuda material se transforma en elementos muy delicados.

[74] El fragmentarismo sirve de final de los versos.

53
ROMANCE DE LA GENTIL DAMA Y EL RÚSTICO PASTOR[75]

Vergel: Huerto con gran variedad de flores y árboles.

Siesta: Hora sexta, entre las doce y las tres de la tarde.

Estáse la gentil dama
paseando en su vergel,
los pies tenía descalzos[76],
que era maravilla ver.
Hablábame desde lejos,
no le quise responder.
Respondíle con gran saña[77]:
—¿Qué mandáis, gentil mujer?
Con una voz amorosa
comenzó de responder:
—Ven acá, tú, el pastorcico,
si quieres tomar placer;
siesta es de mediodía
y ya es hora de comer;
si queréis tomar posada
todo es a tu placer.
—No era tiempo, señora,
que me haya de detener,
que tengo mujer e hijos
y casa de mantener,
y mi ganado en la sierra
que se me iba a perder,
y aquéllos que me lo guardan
no tenían qué comer.
—Vete con Dios, pastorcillo,
no te sabes entender.
Hermosuras de mi cuerpo
Yo te las hiciera ver:

[75] Es el primer romance del que tenemos un texto escrito. Fue recogido por el estudiante mallorquín Jaime de Olesa en 1421. Responde a la estructura de las pastorelas del siglo XV. La inversión de papeles (la mujer es quien asalta al varón) no es extraña en el *Romancero*.

[76] Los pies descalzos eran un signo erótico.

[77] Es llamativa la hostilidad con que reacciona el pastor.

delgadita en la cintura,
blanca soy como el papel[78],
la color tengo mezclada
como rosa en el rosel[79];
las teticas agudicas,
que el brial quieren hender;
el cuello tengo de garza,
los ojos de esparavel;
pues lo que tengo encubierto,
maravilla es de ver.
—Ni aunque más tengáis, señora[80],
no me puedo detener.

Rosel: Rosal.

Brial: Vestido de seda.

Hender: Atravesar.

Esparavel: Gavilán, ave rapaz.

54
ROMANCE DE LA SERRANA DE LA VERA[81]

Allá en Garganta la Olla,
en la Vera de Plasencia[82],
salteóme una serrana,
blanca, rubia, ojimorena;
trae el cabello trenzado
debajo de una montera
y, porque no la estorbara,
muy corta la faldamenta.
Entre los montes andaba
de una en otra ribera,
con una honda en sus manos[83]

Serrana: Mujer que vive en la sierra.

Montera: Prenda para cubrir la cabeza.

Faldamenta: Falda larga y desgarbada.

Honda: Tira de cuero para lanzar piedras.

[78] Resulta sorprendente, si nos situamos en el siglo XV, la comparación de su blancura con el papel.

[79] Rosel por rosal parece una exigencia de la rima.

[80] El rechazo del pastor da al romance un tono moralizante.

[81] Representa el mito de la mujer matadora, herencia de la tradición de las serranas medievales, de aspecto desagradable, favorecido por su vida en los montes. De estas leyendas surgió el mito de la mujer seductora.

[82] La Vera es una comarca de Cáceres, en la que están Garganta la Olla y Plasencia.

[83] A la rudeza de su aspecto se une la de sus armas, una honda y una flecha, que podría entenderse como una especie de lanza por la forma de llevarla.

y en sus hombros una flecha.
Tomárame por la mano
y me llevara a su cueva[84];
por el camino que iba
tantas de las cruces viera.
Atrevíme y preguntéle
qué cruces eran aquéllas,
y me respondió diciendo
que de hombres que muerto hubiera.
Esto me responde y dice,
como entre medio risueña:
—Y así haré de ti, cuitado,
cuando mi voluntad sea.
Diome yesca y pedernal
para que lumbre encendiera,
y mientras que la encendía,
aliña una grande cena;
de perdices y conejos
su pretina saca llena;
y después de haber cenado,
me dice: —Cierra la puerta.
Hago como que la cierro,
y la dejé entreabierta.
Desnudóse y desnudéme
y me hace acostar con ella.
Cansada de sus deleites
muy bien dormida se queda,
y en sintiéndola dormida
sálgome la puerta afuera.
Los zapatos en la mano[85]
llevo porque no me sienta,
y poco a poco me salgo
y camino a la ligera.
Más de una legua había andado
sin revolver la cabeza,

Cuitado: Desventurado.

Yesca: Materia muy seca, apta para hacer fuego.

Pedernal: Variedad del cuarzo utilizado para hacer fuego.

Pretina: Correa para sujetar en la cintura ciertas prendas de ropa.

Legua: Medida de longitud equivalente a unos 5.572 metros.

[84] La cueva es un recinto apropiado para situar el rito iniciático del amor.
[85] El tipo de calzado hace pensar que se trata de una versión moderna.

y cuando mal me pensé
yo la cabeza volviera.
Y en esto la vi venir,
bramando como una fiera,
saltando de canto en canto, *Canto:* Piedra.
brincando de peña en peña.
—Aguarda —me dice—, aguarda;
espera, mancebo, espera, *Mancebo:* Joven.
me llevarás una carta
escrita para mi tierra.
Toma, llévala a mi padre,
dirásle que quedo buena.
—Enviadla vos con otro,
o sed vos la mensajera[86].

55
ROMANCE DE MARQUILLOS[87]

¡Cuán traidor eres, Marquillos[88],
cuán traidor de corazón!
Por dormir con tu señora
habías muerto a tu señor;
desde que lo hubiste muerto
le quitaste el chapirón, *Chapirón:* Capucha.
fuéraste al castillo fuerte
donde está la Blancaflor[89]:
—Ábreme, linda señora,
que aquí viene mi señor;
si no lo queréis creer
veis aquí su chapirón.

[86] El final de la aventura muestra la prudencia del hombre.

[87] El romance es la historia de una venganza, anticipada en el primer verso, que lleva a cabo una mujer. Se venga de una muerte que busca el amor, pero también unos objetivos materiales, como es la propiedad de bienes.

[88] El diminutivo Marquillos tiene un valor degradante, explicable por el comportamiento del protagonista.

[89] Blancaflor es nombre frecuente en el *Romancero*.

Blancaflor desque lo viera[90],
las puertas luego le abrió.
Echóle brazos al cuello,
allí luego la besó;
abrazándola y besándola
a un palacio la metió.
—Marquillos, por Dios te ruego
que me otorgases un don:
que no durmieses conmigo
hasta que rayase el sol.
Marquillos, como es hidalgo,
el don luego le otorgó;
como viene tan cansado,
en llegando se durmió.
levantóse muy ligera
la hermosa Blancaflor,
tomara cuchillo en mano
y a Marquillos degolló.

Luego: En seguida.
Palacio: Sala principal.
Otorgar: Conceder.
Rayase el sol: Amaneciese.

56
ROMANCE DE VIRGILIOS[91]

Mandó el rey prender Virgilios
y a buen recaudo poner
por una traición que hizo
en los palacios del rey,
porque forzó una doncella
llamada doña Isabel.
Siete años lo tuvo preso
sin que se acordase de él,
y un domingo, estando en misa,
mientes se le vino de él:
—Mis caballeros, Virgilios

Recaudo: Cuidado.
Mientes se le vino: Se acordó.

---

[90] Marquillos finge ir de parte de su señor.

[91] No parece existir relación con el poeta latino Virgilio, pero algunas leyendas medievales ofrecen una semblanza del poeta basada en sus especiales dotes amatorias, sin olvidar su fama de mago y hechicero.

¿qué se había hecho de él?
Allí habló un caballero
que a Virgilios quiere bien:
—Preso lo tiene tu alteza
y en tus cárceles lo tien[92].
—¡Vía comer, mis caballeros!
¡caballeros, vía a comer!
Después que hayamos comido
a Virgilios vamos ver.
Allí hablara la reina:
—Yo no comeré sin él.
A las cárceles se van,
a donde Virgilios es.
—¿Qué hacéis aquí, Virgilios?
Virgilios, ¿aquí qué hacéis?
—Señor, peino mis cabellos
y las mis barbas también:
aquí me fueron nacidas,
aquí me han de encanecer,
que hoy se cumplen siete años
que me mandaste prender.
—Calles, calles tú, Virgilios,
que tres faltan para diez.
—Señor, si manda tu alteza,
toda mi vida estaré.
—Virgilios, por tu paciencia,
conmigo irás a comer.
—Rotos tengo mis vestidos,
no estoy para aparecer.
—Yo te los daré, Virgilios,
yo dártelos mandaré.
Plugo a los caballeros
y a las doncellas también,
mucho más plugo a una dueña
llamada doña Isabel.

Tien: Tiene (apócope).

Vía: ¡Ea, Vamos!

Plugo: Agradó.

[92] La forma *tien*, con apócope de la *-e* facilita la rima. es un procedimiento contrario al de la *-e* paragógica.

Vergel: Huerto con gran cantidad de flores y árboles.

Ya llaman al arzobispo[93]
ya la desposan con él;
tomárala por la mano
y llévasela a un vergel[94].

[93] Que celebre la boda un arzobispo demuestra la alta condición de doña Isabel.
[94] La expresión tiene contenido erótico.

VI. ROMANCES CLÁSICOS

57
ROMANCE QUE DICEN MIRA NERO DE TARPEYA[1]

Mira Nero de Tarpeya
a Roma cómo se ardía,
gritos dan niños y viejos
y él de nada se dolía.
El grito de las matronas
sobre los cielos subía;
como ovejas sin pastor
unas a otras corrían;
perdidas, descarrïadas,
a las torres se acogían.
Los siete montes romanos[2]
lloro y fuego los hundía;
en el grande Capitolio
suena muy gran vocería;
por el collado Aventino
gran gentío discurría;
van en Caballo Rotundo[3],
la gente apenas cabía;
por el rico Coliseo

Matronas: Madres de familia.

Van en: Van a.

[1] Sempronio, el criado de Calisto, cita los primeros versos de este romance en el Acto I de la *Celestina*. *Nero* es Nerón, el emperador romano acusado de incendiar Roma. *Tarpeya* era la roca de Roma desde la cual se decía, en algunos romances españoles, que Nerón contempló el incendio. La tradición transformó el primer verso del romance en «Marinero de Tarpeya», como puede verse en la novelita cervantina *Rinconete y Cortadillo*, cuando un personaje dice a otro: «No abra vuestra merced a ese *marinero de Tarpeya*».

[2] Se refiere a las siete colinas de Roma. *Aventino* y *Capitolio,* citadas después, son algunas de esas siete colinas.

[3] Quiere decir que van al Circo Máximo, el más importante y antiguo de Roma. En él se celebraban todo tipos de actividades deportivas: carreras de carros, luchas entre gladiadores o luchas con fieras. El *Coliseo,* construido por Vespasiano, era el gran anfiteatro romano.

Dictadores: Magistrados supremos.

Tribunos: Magistrados que representaban a las *tribus.*

Magistrados: Cargos públicos en general.

Cuestores: Magistrados del tesoro público.

Orden ecuestre: Caballería.

Tallería: Elaboración artística.

Sillería: Grandes bloques de piedra labrada.

Lazos: Adornos en los muros.

Postrimería: Final.

Carneros: Lugar donde se depositan los cadáveres; sepulcro.

Osario: Lugar donde se recogen los huesos en los cementerios.

gran número se subía;
lloraban los dictadores
y los cónsules a porfía;
daban voces los tribunos,
los magistrados plañían,
los cuestores se mataban,
los senadores gemían.
Llora la orden ecuestre,
toda la caballería,
por la crueldad de Nero
que lo ve y toma alegría.
Siete días con sus noches
la ciudad toda se ardía;
por tierra yacen las casas,
los templos de tallería,
los palacios muy antiguos,
de alabastro y sillería;
por tierra van en ceniza
sus lazos y pedrería;
las moradas de los dioses
han triste postrimería.
El templo capitolino[4],
do Júpiter se servía,
el grande templo de Apolo
y el que de Mars se decía[5],
sus tesoros y riquezas
el fuego los derretía.
Por los carneros y osarios
la gente se defendía.
De la torre de Mecenas
miraba la toda vía
el ahijado de Claudio
que a su padre parecía,
el que a Séneca dio muerte,

[4] Templo construido en la colina del Capitolio. Estaba dedicado a los tres dioses, Júpiter, Juno y Minerva, que forman la tríada capitolina.

[5] *Apolo,* dios de la música y *Mars* (Marte), dios de la guerra, también tenían templos importantes en la ciudad.

el que matara a su tía,
el que antes de nueve meses
que Tiberio se moría[6],
con prodigios y señales
en este mundo nacía;
el que siguió los cristianos,
el padre de tiranía,
de ver abrasar a Roma
gran deleite recibía,
vestido en scénico traje
decantaba en porfía;
todos le ruegan que amanse
su crueldad y porfía.
Doríforo se lo ruega,
Esporo la combatía[7];
a sus pies Rubria se lanza
acepte lo que pedía[8].
Claudia Augusta se lo ruega,
ruégaselo Mesalina;
ni lo hace por Popea,
ni por su madre Agripina;
no hace caso de Antonia,
que la mayor se decía,
ni de padre tío Claudio,
ni de Lépida su tía.
Aulo Plauco se lo habla,
Rufino se lo pedía;

Siguió: Persiguió.

Scénico: Escénico, de actor.

[6] La relación de personajes que suplica al emperador abarca todos los estratos. Cayo *Mecenas* (*c.* 69-8 a. C.) fue consejero de Augusto y protector de poetas importantes. *Claudio,* casado con Mesalina, había adoptado a Nerón. Lucio Anneo *Séneca* fue maestro de Nerón, que había nacido nueve meses antes de que muriera *Tiberio,* segundo emperador romano.

[7] *Doríforo* y *Esporo* son esclavos de estrecha relación con el emperador. En el *Cancionero de romances* de 1550 se reproduce la forma *Doriporo.*

[8] Otras versiones dicen aquí: «Acté los besa y lamía», refiriéndose a los pies que aparecen en el verso anterior. Acté fue una esclava griega, concubina de Nerón. En cualquier caso el conjunto de mujeres que le suplica es toda una muestra de relaciones afectivas: la virgen vestal, *Rubria;* la hija, *Claudia Augusta*; *Popea,* su mujer; *Mesalina,* su tercera esposa; *Agripina,* la madre, e incluso *Antonia* la mayor, la abuela, sin faltar *Lépida,* su tía... Serán otra prueba de la crueldad de Nerón.

por Británico, ni Tusco[9]
ninguna cuenta hacía.
Los ayos se lo rogaban,
el tonsor y el que tenía[10];
a sus pies se tiende Octavia,
esa queja no quería.
Cuanto más todos le ruegan,
él de nadie se dolía[11].

Ayos: Encargados de la educación de los niños en las familias nobles.

Tonsor: El que corta la barba y el pelo.

58
ROMANCE DE LA REINA DE LAS AMAZONAS[12]

Por los montes de Carasco[13]
que están en el medio día,
vi asomar una bandera
de incomparable valía,
de raso verde y morado
trenzada de argentería,
con unas franjas de oro
también la cordonería;
el asta era de marfil
a donde puesta venía
con un mote rodeada
que desta suerte decía:
—Donde falta la ventura
no aprovecha valentía.

Raso: Tela de seda.

Argentería: Bordadura brillante.

Cordonería: Cordones, flecos.

Mote: Sentencia, frase.

[9] *Aulo Plauco*, gobernador de Gran Bretaña, y *Rufino* (junto con los hermanastros del emperador, *Británico* y *Tusco)* verán igualmente lo inútil de sus súplicas.

[10] Quizá sea más lógica la variante que reproduce: «Los dos ayos se lo ruegan, / el tonsor y el que tañía». La relación de los seres que suplican al emperador se cierra, pues, con las personas de su confianza, sus preceptores y Octavia, que fue su primera mujer.

[11] La descripción de Roma y la relación minuciosa de personajes allegados al Emperador parecen un pretexto para hacer una exhibición erudita sobre la cultura clásica.

[12] Las amazonas era un pueblo de mujeres al que se consideraba descendiente del dios de la guerra Ares y de la diosa Armonía. Se gobernaba por sí misma sin intervención de los hombres. De entre su descendencia conservaban solo a las niñas, a las que cortaban un seno para que no les estorbase en la práctica del arco ni el manejo de la lanza.

[13] *Carasco* es realmente una población de Italia, de la provincia de Génova.

Carcajes: Cajas para las flechas.

Tocadas: Cubiertas.

Escofias: Cofia, red de seda para el pelo.

Unicornio: Animal famoso de la mitología antigua.

Guisa: Manera.

Divisa: Bandera.

Altibajo: Terciopelo.

Aljófar: Perla.

Trescientas damas de guarda
esta bandera traía,
con sus flechas y carcajes,
tocadas de gallardía
con unas escofias de oro
a guisa de Lombardía[14];
las sayas de tela eran
poco más de la rodilla,
en trescientos unicornios
cabalgando a la su guisa;
tras estas vienen sus damas
siguiendo aquesta divisa,
de altibajo ataviadas,
así como convenía,
encima de dromedarios
con muy grande flechería;
y en mitad de las mil damas
Pentesilea[15] venía,
reina de las amazonas,
la cual iba en la conquista
de los griegos y troyanos,
la cual a Héctor[16] seguía
con un arco y un escudo,
más que el sol cuando salía,
y una guirnalda de aljófar
trenzada con pedrería;
la cual como llegó a Troya[17],
Troya con mucha alegría,
a ella y a todas sus damas
con Paris[18] la recibía;

---

[14] Al estilo de *Lombardía*, una región italiana.

[15] *Pentesilea* es la reina de las amazonas. Aquiles le dio muerte, pero, al descubrir su rostro, quedó sobrecogido de dolor por su belleza.

[16] *Héctor,* hijo de Príamo y Hécuba, era el personaje más influyente de la ciudad y gran rival de Agamenón. Moriría a manos de Aquiles.

[17] *Troya* es una de las ciudades más famosas de la antigüedad. Su asedio inspiraría obras inmortales como la *Ilíada* y la *Odisea*.

[18] *Paris* era hermano de Héctor. Su nacimiento fue precedido de un hecho prodigioso: su madre soñó que ella misma echaba al mundo una antorcha que incendiaba Troya.

la cual hizo tantas cosas
que apenas las contaría
aquel gran poeta Homero[19]
que desta guerra escribía,
aunque nada aprovechara
su ardid y su valentía,
pues do la fortuna falta
el esfuerzo fallecía.

59
ROMANCE QUE TRATA SOBRE LA MUERTE QUE DIO PIRRO, HIJO DE AQUILES, A LA MUY LINDA POLICENA[20]

—¡Oh cruel hijo de Aquiles!
nunca mal te merecí;
que si tu padre fue muerto,
ni lo supe ni lo vi;
no me des así la muerte
ni tomes venganza en mí,
que el favor de las mujeres
en los hombres yo lo vi;
no fenezcan los mis días
ni se pierdan ya por ti.
Baste, baste contentarte
con me ver ya destruir
y la muerte de mi padre
y su muy triste vivir,
la muerte de mis hermanos
con Héctor el varonil[21],

Fenezcan: Mueran.

[19] *Homero* es considerado el autor de la *Ilíada* y la *Odisea.*

[20] *Pirro,* que significa «el Rubio», era el sobrenombre de Neoptólemo, el hijo de Aquiles. *Aquiles* fue uno de los personajes más populares de la Antigüedad. Era hijo de Peleo y de la diosa Tetis. *Polixena* era hija de Príamo y de Hécuba. El *Cancionero de Amberes,* de 1550, reproduce la forma Policena. Polixena es una de las figuras femeninas que acompañan a Aquiles, después de muerto, en los Campos Elíseos.

[21] Hijo de Príamo y Hécuba, *Héctor* fue uno de los héroes troyanos más famosos. Moriría a manos de Aquiles.

la amazona que mataste
tan esforzada y viril,
la ciudad toda abrasada
para más la consumir.
Sea contenta tu venganza
con que poco he de vivir,
pues que por tierras extrañas
por esclava he de servir.
—Policena, Policena,
ya se excusa tu morir:
pues por tus tristes amores
el mi padre murió aquí,
muy bien es que tú padezcas
lo que él padeció por ti;
que la muerte se ha de dar
a quien hace a otro morir[22].

[22] Según la versión de las narraciones posteriores a los cantos homéricos, una voz salida de la tumba de Aquiles había pedido que se sacrificase a Polixena en memoria del héroe.

VII. UNA MUESTRA DEL ROMANCERO RÚSTICO

60
ROMANCE DE LA LOBA PARDA
(Versión facticia[1] de Menéndez Pidal)

Estando yo en la mi choza
pintando la mi cayada,
las cabrillas altas iban
y la luna rebajada[2];
vide venir siete lobos
por una oscura cañada.
Venían echando suertes
cuál entrará a la majada;
le tocó a una loba vieja,
patituerta, cana y parda,
que tenía los colmillos
como puntas de navaja.
Dio tres vueltas al redil
y no pudo sacar nada;
a la otra vuelta que dio,
sacó la borrega blanca,
hija de la oveja churra,
nieta de la orejisana,
la que tenían mis amos
para el domingo de Pascua.

Cayada: Palo, bastón corvo de pastor.

Cabrillas: La constelación de las Pléyades.

Vide: Vi.

Cañada: Vía para los ganados.

Majada: Lugar en que se recoge el rebaño.

Redil: Aprisco rodeado con un vallado de estacas.

Borrega: Cordera de uno o dos años.

Churra: Una clase de oveja.

Orejisana: Sin marcas en las orejas.

[1] *Versión facticia* es la versión elaborada refundiendo las distintas versiones que conservamos. Se considera la versión ideal de las existentes. El romance alcanzó gran popularidad por la transmisión que de él hicieron los pastores por los caminos de la transhumancia. Disponemos de un documento bastante antiguo de este romance. Gonzalo Correas, cuando está elaborando su *Vocabulario de refranes y frases proverbiales* (1627), recoge los dos primeros versos como refranes o dichos antiguos.

[2] En cuarto menguante.

—¡Aquí, mis siete cachorros,
aquí, perra trujillana,
aquí, perro, el de los hierros,
a correr la loba parda!
Si me cobráis la borrega,
cenaréis leche y hogaza;
y si no me la cobráis,
cenaréis de mi cayada.
Los perros, tras de la loba
las uñas se esmigajaban;
Siete leguas la corrieron
por unas sierras muy agrias.
al subir un cotarrito,
la loba ya va cansada:
—Tomad, perros, la borrega,
sana y buena como estaba.
—No queremos la borrega,
de tu boca alobadada,
que queremos tu pelleja
pa'el pastor un zamarra;
el rabo para correas,
para atacarse las bragas;
de la cabeza un zurrón,
para meter las cucharas;
las tripas para vihuelas[3].

Trujillana: Nombre particular en la majada.

Hogaza: Pan.

Esmigajar: Hacer migas, polvo.

Legua: Medida de longitud que corresponde a unos 5.572 metros.

Cotarrito: Ladera de un barranco.

Pa'el: Para el.

Zamarra: Prenda rústica de vestir.

Atacarse: Atarse, abrocharse.

Bragas: Calzones anchos.

Zurrón: Bolsa grande de pellejo.

Vihuelas: Guitarras.

---

[3] El final de las distintas versiones coincide en esta forma fragmentaria y en el deseo de aprovechar todas las partes del cuerpo de la loba. En algunos casos, el *despiece* es tan detallado que resulta truculento.

Orientaciones para el estudio de los romances

PROPUESTA DE ACTIVIDADES

La propuesta de actividades incluye orientaciones que facilitan su realización y abarca los siguientes apartados:

I. Control de lectura: que permite un acercamiento a los contenidos de los distintos tipos de romances.
II. Estudio de la obra: que tiene como objetivo esencial el estudio del fondo y forma del *Romancero,* tan variado en sus manifestaciones.
III. Actividades de recreación literaria: para relacionar el *Romancero* con otras obras. La recreación de ciertos pasajes hará posible una asimilación más precisa de las formas poéticas.

El tiempo del que se disponga será el factor que condicione la realización de estas actividades. Cada profesor (consciente de las circunstancias académicas y las condiciones del alumnado) será quien decida la selección de las actividades más oportunas.

I. CONTROL DE LECTURA

☒ *Romance n.º 3: «El sueño de don Rodrigo»*. Explica de forma muy breve de qué trata el romance. Analiza los elementos que anuncian la tragedia.

❑ *Romance n.º 5: «La penitencia de don Rodrigo»*. Describe el comportamiento de don Rodrigo. Observa cuál es su actitud respecto a los personajes con los que se encuentra.

☒ *Romance n.º 15: «Romance del Cid Ruy Díaz»*. Analiza con qué recursos literarios se consigue en esa escena oponer la personalidad del Cid a la del rey. Explica por qué se humaniza la soberbia del Cid.

❑ *Romance n.º 18: «Las quejas de Jimena Gómez»*. Las quejas de doña Jimena se transforman en su autorretrato. Define cómo es esta mujer, considerando que estamos en la Edad Media.

❑ *Romance n.º 29: «La pérdida de Alhama»*. Los lamentos del rey moro son también expresión de su forma de pensar. Descríbela brevemente.

❑ *Romance n.º 41: «El infante vengador»*. Los detalles con que está evocado este misterioso caballero son bastante curiosos. Observa cómo es, cómo son sus armas y cómo actúa. Justifica el desenlace feliz del romance.

☒ *Romance n.º 45: «Las hermanas reina y cautiva»*. Resume el contenido de lo que el romance narra.

❑ *Romance n.º 46: «La infantina».* Compara este romance con otros en los que se describe el encuentro entre un caballero y una dama. Explica la forma de actuar del caballero.

❑ *Romance n.º 48: «El conde Olinos».* Resume el proceso que siguen los versos al presentar ese amor humano que sobrevive a la muerte. Haz una relación de las dificultades que los amantes tienen que superar y observa el simbolismo que tiene este amor.

❑ *Romance n.º 60: «La loba parda».* Expón tus opiniones sobre este romance del mundo pastoril. Hay una clara diversificación social, que empieza con los animales; observa hasta dónde alcanza la referencia del poeta. ¿Cómo puede entenderse la perspectiva del pastor que narra?

II. ESTUDIO DE LA OBRA

Aspectos históricos

El *Romancero* abarca buena parte de nuestra historia, pero el marco temporal del *Romancero viejo* no llega más allá del siglo XVI.

España medieval

❑ Explica de manera sencilla la Historia de España que puede extraerse de los romances de esta antología.

❑ Observa los sucesos históricos y la visión mitificada de algunos de ellos. Analiza los personajes reales y ficticios más importantes que toman parte.

❑ Localiza los escenarios reales en los que se sitúa la acción y observa qué tratamiento literario reciben.

Los personajes

Los personajes representan las distintas escalas sociales. Hay protagonistas de condición excelsa, pero también seres humildes y, sobre todo, anónimos. Cada uno de ellos representa un actitud humana.

Personajes históricos, novelescos y anónimos

❑ Comenta los sentimientos que simbolizan personajes *históricos:* don Rodrigo, el Cid, el rey Pedro el Cruel, doña Blanca de Navarra.

❑ Los personajes *novelescos* tienen otra función; trata de verla en doña Alda, Gaiferos, Gerineldo, Tristán e Iseo, Marquillos y Virgilios.

❑ Los personajes *anónimos* son tal vez los más evocadores y poéticos. Busca el significado de los protagonistas de los romances del conde Arnaldos, Fontefrida, el conde Olinos, la infantina y el prisionero.

❑ La *mujer* actúa de forma muy variada, llegando a ser un ejemplo de vida. Localiza las mujeres que te re-

Aunque las mujeres no tenían acceso a la educación, algunas destacaron por su formación intelectual, como la escritora María de Francia (1154-1189), a quien vemos componiendo un poema en esta miniatura del siglo XIII.

sultan más sorprendentes y explica por qué: rebeldes, enamoradas, misteriosas, matadoras...

Aspectos temáticos

Como eco de una sociedad compleja, los anónimos autores de los romances reflejan en sus versos muchos aspectos de la vida del ser humano.

Relaciones familiares

❑ Las relaciones familiares no son muy frecuentes, pero, cuando se presentan como contenido de los romances, resultan curiosas. Obsérvalo en los romances de los infantes de Lara, don Rodrigo, las hermanas reina y cautiva, don Bueso o Gaiferos.

El amor

❑ *El amor* es un sentimiento que mueve el mundo y de ello se hace eco el *Romancero.* Las formas con las que se presenta son variadas. Observa cómo se manifiesta en los romances de don Rodrigo, doña Jimena, doña Alda, Fontefrida, la infantina, la dama y el rústico pastor, el conde Olinos, Gerineldo.

La muerte ❑ *La muerte* es una tragedia humana que está recreada con recursos diferentes. Repasa las situaciones en las que la muerte es el fondo del romance: don Rodrigo, los infantes de Lara, don Pedro el Cruel, la reina Blanca, don Juan de Navarra, Sayavedra, doña Alda, don Tristán, el conde Olinos y Marquillos.

La religión ❑ *La religión* no es una manifestación muy abundante en el *Romancero,* pero se comprueba su existencia en momentos decisivos. Busca referencias al sentimiento cristiano, a las ceremonias religiosas y a los representantes de la iglesia.

El humor ❑ *La sátira y el humor* son temas poco reflejados en el *Romancero.* Explica cuál puede ser la causa de esta ausencia.

III. RELACIONES Y RECREACIONES

Relación entre romances y con otras obras

Semejanzas y diferencias

Las relaciones entre romances son frecuentes. Un mismo elemento puede tener funciones diferentes en cada pasaje.

❑ Los romances «El sueño de don Rodrigo» (nº 3), «El Rey don Pedro el Cruel» (nº 22) y «El rey don Juan de Navarra» (nº 24) presentan una serie de elementos comunes, si bien el desenlace es distinto. Analiza en qué consisten las semejanzas y las diferencias entre ellos.

Esta miniatura ilustra la lucha entre Pedro I, el Cruel, y su hermano bastardo Enrique de Trastámara. El enfrentamiento entre ambos se saldó con la muerte del monarca (1369) y la instauración en Castilla de la dinastía Trastámara.

No faltan las conexiones con otras obras, dada la popularidad del *Romancero.* Veamos algunos ejemplos.

1) El «Romance de la jura de Santa Gadea y destierro del Cid» (nº 16) tiene como desenlace el destierro. El camino del destierro lo inicia con la misma actitud soberbia y altanera con la que se ha comportado ante el rey.

El Romancero *nos presenta a un Cid muy distinto del héroe que protagoniza el* Cantar de Mío Cid. Jura de santa Gadea, *de Hiraldez Acosta*

❑ Compara los versos del final de este romance con el pasaje cuarto del *Cantar de Mío Cid* (versos 31 y siguientes). Explica las diferencias entre ambas obras.

❑ Este pasaje ha sido recreado en el siglo XX por Manuel Machado en su poema «Castilla». Observa la plasticidad del poema y los elementos del *Romancero* y del *Cantar de Mío Cid* que el poeta aprovecha.

Modelos de mujeres

2) Entre las variadas formas de mujeres descritas en el *Romancero* la «serrana» y la mujer matadora es a veces protagonista. Fue un tipo de mujer a la que el Arcipreste de Hita presentó en el *Libro de Buen Amor* y el Marqués de Santillana en sus «serranillas».

❑ Compara el romance «La serrana de la Vera» (nº 54) con «La Serrana fea, Aldara de Tablada» que describe el Arcipreste de Hita en el pasaje «De lo que aconteció al Arcipreste con la serrana y de las figuras de ella» que comienza en el verso 1006 del *Libro de Buen Amor.*

❑ Indica qué semejanzas y diferencias hay entre ellas.

3) En el *Quijote* abundan las citas de versos del *Romancero.*

El Romancero y *Cervantes*

❑ Busca la explicación de que Cervantes los recuerde. He aquí algunos pasajes: los infantes de Lara (II,50); Montesinos (II,22 y 23); don Rodrigo (II,26); reto a los zamoranos (II,27); Lanzarote (II,31); don Rodrigo (II,33); Mudarra (II,60).

Ecos literarios actuales del romance

Es sorprendente comprobar cómo ciertas situaciones se repiten a través de los siglos. Una leyenda árabe ha sido recreada en nuestros días por Bernardo Atxaga en una narración y por Manuel Vicent en una columna perio-

Grabado del «Romance de los infantes de Lara», que recoge el momento en que Mudarra es reconocido por su padre.

dística. Esto puede servirte como experiencia de investigación.

La idea de la la muerte

Para seguir la trayectoria de esta idea de la muerte, que puede presentarse como una dama de belleza misteriosa, busca la primera versión en alguna antología de leyendas. De todos modos, y para que puedas comparar, te incluimos aquí la versión del poeta, dramaturgo y cineasta francés Jean Cocteau (1891-1963), recogida por Borges, Silvina Ocampo y Bioy Casares en su *Antología de la literatura fantástica:*

Una leyenda árabe

Un joven jardinero persa dice a su príncipe:

—¡Sálvame! Encontré a la Muerte esta mañana. Me hizo un gesto de amenaza. Esta noche, por milagro, quisiera estar en Ispahan.

El bondadoso príncipe le presta sus caballos. Por la tarde, el príncipe encuentra a la Muerte y le pregunta:

—Esta mañana ¿por qué hiciste a nuestro jardinero un gesto de amenaza?

—No fue un gesto de amenaza —le responde—, sino un gesto de sorpresa. Pues lo veía lejos de Ispahan esta mañana y debo tomarlo esta noche en Ispahan.

Un romance de Juan del Encina

Entre la leyenda antigua y las versiones actuales, se sitúa el «Romance del enamorado y la muerte» (nº 52), que Ramón Menéndez Pidal considera inspirado en un romance de Juan del Encina, poeta y dramaturgo español de los siglos XV-XVI, que comienza:

Yo me estaba reposando,
durmiendo como solía.

Dos visiones actuales

El romance de Juan del Encina aparece en el tomo III, pág. 158, CXXVII, de sus *Obras Completas,* «Clásicos Castellanos», Espasa Calpe, Madrid, 1978, que puedes encontrar en la biblioteca de tu centro. La narración de Bernardo Atxaga puedes consultarla en su obra *Obabakoak,* de la que hay varias ediciones (una de las más recientes es la de Ediciones B, Barcelona, 1995). Atxaga

El halcón, ave favorita de cetrería, es uno de los motivos frecuentes en el arte renacentista, como lo es también en el Romancero *(el conde Arnaldos, la infantina...). Joven paseando con un halcón. Miniatura renacentista.*

en el capítulo titulado «El criado del rico mercader» reproduce la leyenda antigua. La columna de Manuel Vicent titulada «La huida» fue publicada en la página 56 del diario *El País* del 14 de febrero de 1992. Vicent recrea la escena con un tratamiento muy moderno. La muerte en este caso viaja en un *Porsche* blanco.

❑ Lee la columna de Manuel Vicent y compárala con el capítulo de Bernardo Atxaga; observarás curiosas coincidencias. Destaca las más importantes.

Actividades de recreación literaria

La variedad de situaciones del *Romancero* incluye múltiples motivos humanos, por ello, se prestan a todo tipo de recreaciones literarias.

❑ La *poesía* es forma casi obligada. Escribe algún romance en el que recrees alguna de las situaciones que más te han impresionado del *Romancero.*

❑ Presenta con recursos y estructura *teatral* alguno de los *romances-escena* del *Romancero.* Elige el que te resulte más sugestivo. «La venganza de Mudarra» pue-

Los romances fronterizos presentan muchas veces una visión idealizada de la España musulmana. Vista de la Alhambra, de D. Roberts.

Las relaciones de los reyes con sus vasallos es uno de los temas más frecuentes de los romances históricos. Noble jurando fidelidad al rey. Miniatura medieval.

de ser un buen modelo de tensión humana, y el «Romance de Gerineldo» un momento ideal para inventar un diálogo de amor. No sería mala experiencia dramatizar el «Romance del enamorado y la muerte».

❑ En tono *épico*, cualquiera de los diálogos que con el rey tienen Bernardo del Carpio, Fernán González o el Cid, pueden servir de punto de partida para un texto nuevo creado por ti.

❑ La *narración* será un buen camino para actualizar ciertas situaciones de las descritas por los romances. El «Romance del rey don Pedro el Cruel» y el «Romance de la muerte de la reina Blanca» pueden servirte como argumento para una narración histórica, tan de moda en estos tiempos.

❑ En el «Romance del conde Olinos», cuando los amantes muertos se convierten en un «olivar», la reina los manda cortar. Describe la sensación que siente el hombre que tiene que llevar a cabo ese encargo tan dramático («y el hombre que los cortaba / no cesaba de llorar»).

❑ *Completar el final* inesperado de algunos romances puede resultar una actividad sorprendente. *Recrea el desenlace* del «Romance del conde Arnaldos», el «Romance del prisionero» o el «Romance de Fontefrida». La continuación puede ser en prosa o en verso, preferentemente en octosílabo.

Realización de debates en el aula

El Romancero *y los medios audiovisuales.*

❑ Haced un debate sobre la cuestión de los romances fronterizos. En ellos se descubre una visión excelsa de los musulmanes. ¿Cómo son recibidos hoy entre nosotros? ¿Cómo se explica el cambio social?

❑ El *Romancero* desaparece y muchos estudiosos consideran que la causa está en la avalancha de los medios audiovisuales, que han hecho de la cultura popular una cultura uniforme e impersonal. Sin embargo... esos medios audiovisuales permiten la recuperación y salvación del *Romancero* mediante grabaciones. Discutid los dos puntos de vista. ¿Progreso y tradición son incompatibles?

Aproximación a la actualidad

El milagro de la pervivencia del *Romancero* todavía es posible. Puedes acceder a los romances por dos procedimientos:

Romances populares cantados

❑ El primero es el la audición de las recopilaciones de romances populares, hechos sobre informantes del ambiente rural. No es fácil una relación de recopiladores, pero recordemos algunos nombres. Como ejemplo de edición accesible de romances cantados puede recordarse la obra de Joaquín Díaz. Cantados por él, los romances resultan de fácil asimilación.

Una edición de gran pureza es la que ofrece en CD Paloma Díaz Mas en la obra citada en nuestra bibliografía. Se trata de doce versiones, representantes de distintas zonas geográficas, extraídas de la antología sonora de Fraile (1991). La autenticidad de las versiones puede suponerte una seria dificultad de asimilación, pero observarás el romance en su verdadero ambiente

Recuperación de romances

❑ El segundo procedimiento es más difícil de seguir. Se trata de entrevistar a personas ancianas que recuerden romances aprendidos en su infancia. No es fácil, pero tampoco es imposible. Inténtalo, pero sé prudente al acercarte a esas personas. Recuerda el verso final de uno de nuestros romances más bellos:

Yo no digo esta canción
sino a quien conmigo va.

GLOSARIO DE FIGURAS LITERARIAS Y OTROS TECNICISMOS DEL *ROMANCERO*

Aféresis: Supresión de una o más letras al principio de un vocablo. Por ejemplo, *norabuena* por «enhorabuena» (pág. 54, verso 31), *namorado* por «enamorado» (pág. 66, verso 6).

Alegoría: Especie de metáfora continuada en que unos hechos imaginarios se corresponden con otros reales (pág. 31, nota 10).

Anáfora: Repetición de una palabra al comienzo de cada frase o verso; por ejemplo, los sucesivos *vos... yo,* de págs. 47 y 48, versos 49-62).

Anagnórisis: Reconocimiento inesperado de un personaje al final de una obra (véase pág. 108, nota 41).

Antítesis: Contraposición de dos palabras o frases de significado opuesto (pág. 59, nota 4).

Apócope: Supresión de uno o más sonidos al final de un vocablo; por ejemplo, *tien* por «tiene» (pág. 143).

Balada: Cancioncilla de gran difusión en toda la Europa medieval (véase romance 48, pág. 125).

Cantar de gesta: Composición épica que, a lo largo de la Edad Media, sirvió para cantar las hazañas de los caballeros (pág. 12, intr.).

Cuaderna vía: Estrofa medieval, compuesta de cuatro versos alejandrinos monorrimos (el alejandrino es el verso de catorce sílabas); por ejemplo el *Poema de Fernán González* (pág.45, nota 1).

Diéresis: Licencia métrica que consiste en pronunciar en dos sílabas las vocales de un diptongo; por ejemplo, la palabra *Guadiana* en la pág. 49, verso 3, habitualmente trisílaba, tiene ahí cuatro sílabas métricas. Y *viandas,* que en pág. 50, verso 40, tiene tres sílabas, en pág. 55, verso 50, tiene las dos habituales.

Encabalgamiento: Continuación de la estructura lingüística de una frase en el verso siguiente; por ejemplo el que hay en los versos 57-58 de pág. 37.

Enumeración: Relación continuada de términos con valor expresivo; por ejemplo *las armas..., la espada..., el almete...* que encontramos en el romance 4, pág. 34.

Fragmentarismo: Final inesperado en el desenlace de una composición. Es un recurso muy frecuente en el *Romancero* (pág. 19, intr.).

Hipérbole: Exageración en el aumento o disminución de algo (véase pág. 34, nota 14, o pág.123, nota 28).

Glosa: Explicación o comentario sobre un texto (pág. 16, intr.).

Hipermétrico (verso): Verso que tiene un número de sílabas superior al que establece la estrofa de la que forma parte (pág.29, nota 5).

Hipométrico (verso): Al contrario que el verso hipermétrico, éste presenta un número de sílabas inferior al que corresponde (pág. 45, verso 4). Tanto este verso como el hipermétrico son frecuentes en el Romancero.

Paragoge: Es lo contrario de la apócope, es decir, la adición de uno o más sonidos al final de un vocablo. En los romances es muy frecuente la **-e paragógica,** que aparece al final de algunas palabras. Es un resto del antiguo castellano. A veces condiciona la rima de la composición (véase, por ejemplo, los romances 30 y 31, págs. 94-95, notas 6-7, o el romance 39, pág. 105, nota 34).

Paralelismo: Estructura de elementos semejantes en dos períodos oracionales o métricos (véase pág. 56, nota 32).

Pastorela: Composición poética en la que se canta el encuentro entre un caballero y una pastora (romance 51, pág. 134).

Personificación (o **prosopopeya**): Atribución de cualidades humanas a elementos inertes o a animales (véase pág. 81, nota 26).

Prótesis: Figura que consiste en añadir una o más letras al principio de un vocablo: *Asosegar,* por «sosegar» (pág.107).

Serrana: Personaje femenino de gran tradición literaria. Se presenta con formas diversas: desde mujeres delicadas hasta *mujeres matadoras,* pasando por las que presentan una llamativa fealdad; véase, por ejemplo, el romance 54 (pág. 139).

Sinalefa: Pronunciación en una sola sílaba de la última vocal de una palabra y la primera de la palabra siguiente. En el verso es habitual, y su ausencia provoca irregularidades métricas, por ejemplo, en el verso 32 de la pág. 71.

Sinéresis: Licencia métrica que consiste en pronunciar en una sola sílaba dos vocales que ordinariamente se pronuncian separadas; por ejemplo, la palabra «vaos» del verso 90 de la pág. 38, siendo bisílaba, a efectos métricos funciona como monosílaba. Lo mismo ocurre con la palabra «ahora» del verso siguiente, que ahí debe pronunciarse como bisílaba.